AUTORIZADO PELA
FUNDAÇÃO NAPOLEON HILL

A CIÊNCIA DO SUCESSO

Uma série de artigos inéditos do homem que mais influenciou líderes e empreendedores no mundo

PREFÁCIO E ORGANIZAÇÃO DE JUDITH WILLIAMSON

NAPOLEON HILL

Título original: *The Science of Success*

A ciência do sucesso

Edição promocional

Autor:
Napoleon Hill

Tradução:
Mayã Guimarães

Revisão:
3GB Consulting

Preparação de texto:
Lúcia Brito

Capa:
Pâmela Siqueira

Diagramação:
Dharana Rivas

Produção editorial e distribuição:

CDG
Grupo Editorial

contato@cdgeditora.com.br

SUMÁRIO

Prefácio 05

Parte 1: Obras não compiladas

O homem que ensinou milhões a ter sucesso 08
Fé é a chave mestra da ciência do sucesso 20
Em pleno voo 25
Prepare-se para o sucesso! 29
O homem que ajudou milhões a fazer milhões 34
Com a palavra, o autor, ex-conselheiro de presidentes 36

Parte 2: Série Ciência do sucesso, do Miami Daily News

Cortesia ajuda a conquistar a liderança 40
Tato ajuda a atingir objetivos 42
Ofereça uma mão amiga aos menos afortunados 44
Gratidão sincera paga dividendos 46
Ajudar os outros também ajuda você 48
Adicione magnetismo à sua personalidade 50
A perspectiva espiritual da chave para o sucesso 52
Todos ganham com a competição 54
Autoanálise ajuda na subida 56
Apertos de mão podem ajudar 58
Supere o medo para atingir a meta 60
Mentes abertas dominam o medo 62
Sua mente tem poderes ocultos 64
Encontre a felicidade ajudando o próximo 66
Quando o silêncio estudado supera a fala 68
Como apagar o "holofote do fracasso" 70
Servir aos outros ajuda você 72
Evite as armadilhas do fracasso 74
Acreditar traz um enorme poder 76

Acreditar em si mesmo é vital 78
Muita coisa depende da personalidade 80
Como desenvolver flexibilidade 82
Tenha entusiasmo e atinja objetivos 84
A voz, uma chave para a personalidade 86
Boa arrumação paga dividendos 88
Líderes tomam decisões com facilidade 90
O progresso clama por mentes abertas 92
Atinja seu objetivo com sinceridade 94
Humildade ajuda na realização 96
Senso de humor facilita o caminho 98
Americanos são muito impacientes 100
A sabedoria da presença marcante 102
Esperanças e sonhos engrandecem 104
Você é avaliado pela maneira de falar 106
Seja otimista para atingir os objetivos 108

Parte 3: Lições adicionais da série Ciência do sucesso

Sucesso para você 112
Escolha seu objetivo 114
Mantenha uma atitude mental positiva 116
Faça um esforço extra 117
Pense com exatidão 118
Exercite a autodisciplina 120
O imbatível MasterMind 123
Tenha fé em si mesmo 125
Desenvolva uma personalidade agradável 128
Use a iniciativa pessoal 131
Seja entusiástico 134
Controle sua atenção 136
Trabalhe com sua equipe 138
Aprenda com a derrota 140
Cultive a visão criativa 143
Organize seu tempo e dinheiro 146
Mantenha-se saudável 149
Deixe os hábitos trabalharem por você 151

PREFÁCIO

A ciência do sucesso reúne textos previamente não compilados, publicados durante a vida de Napoleon Hill em jornais e edições especiais de revistas.

Estes artigos de repórteres e do próprio Hill oferecem *insight* adicional sobre a popularidade e o estilo envolvente do autor, tanto como orador motivacional quanto como escritor.

Acredito que exista um verdadeiro tesouro na série *Ciência do sucesso*, que inclui 35 artigos do jornal *Miami Herald* e dezoito ensaios aprofundados adicionais que detalham os princípios do sucesso, um conceito por vez.

Como aluna, praticante, instrutora e diretora educacional do Centro de Aprendizado Napoleon Hill para a Filosofia do Sucesso do Dr. Hill, sempre tenho a expectativa de encontrar textos que ele mesmo escreveu. Nessas colunas de jornais, o Dr. Hill usa muitos dos mesmos conceitos que aparecem em suas outras publicações, mas com exemplos diferentes para ilustrar seus argumentos e garantir que qualquer um possa compreendê-los.

Para quem aprecia os livros do Dr. Hill, esses artigos novos e não compilados demonstram a disseminação de sua influência pelo mundo através de culturas e denominações seculares e religiosas diversas. O Dr. Hill realmente ultrapassa muitas barreiras para falar sobre como atingir o sucesso pessoal.

Comece lendo este volume como uma introdução ao trabalho da vida de Napoleon Hill. Depois, considere aprofundar-se um pouco mais lendo uma de suas obras clássicas, como *O manuscrito original – As leis do triunfo e do sucesso de Napoleon Hill*. Ao mesmo tempo, coloque em prática o que o Dr. Hill defende em cada artigo.

A proposta não é que você concorde com o que Dr. Hill fala, mas que aplique seus ensinamentos na própria vida para que o sucesso seja atingido. No começo, escolha uma ou duas ideias que considere mais atraentes para trabalhar, e, quando enxergar os resultados, adicione outro ensinamento do Dr. Hill e comece a construir uma base fascinante para o sucesso em sua própria vida. Quando testemunhar os resultados, aposto que você vai deixar de lado a versão antiga de si mesmo e permitir que a sua nova versão melhorada se apresente ao mundo.

Seja como uma introdução, seja como uma revisão da filosofia do Dr. Hill, este livro funcionará igualmente bem. Os ensaios curtos são envolventes, fáceis de ler em voz alta, para enfatizar, e contêm frases muito relevantes que podem servir como afirmações para os iniciantes ou incentivos à ação.

Gostei muito de coletar e organizar o material para este livro porque isso ressaltou para mim a relevância e as aplicações do trabalho atemporal do Dr. Hill. Ele mesmo reconhece a atemporalidade de seu trabalho quando fala sobre os benefícios para "as futuras gerações que ainda nem nasceram".

Recomendo do fundo do coração este livro como leitura obrigatória se você é um estudante ou praticante da Filosofia do Sucesso do Dr. Hill.

Seja sempre a sua melhor versão,
Judith Williamson

PARTE 1

OBRAS NÃO COMPILADAS

"Parece uma fórmula simples. Parece básica.

Todavia, representa os esforços de uma vida inteira."

O HOMEM QUE ENSINOU MILHÕES A TER SUCESSO

por John Johnson

Dificilmente existe alguém hoje em dia que nunca tenha ouvido falar de Napoleon Hill e de sua lei do sucesso. Milhões de leitores pelo mundo já se beneficiaram de seus ensinamentos. Entretanto, poucos estão cientes do tremendo sucesso pessoal do autor, um homem que usou sua filosofia para sair do esquecimento de uma cidadezinha rumo ao reconhecimento internacional. Nesta edição, "O homem que ensinou milhões a progredir" conta a fabulosa história da vida de Hill e revela como a fórmula que ele desenvolveu pode trazer sucesso para você!

Todos os norte-americanos se sentiram inspirados e tocados quando ouviram, em 1933, a voz retumbante de Franklin Delano Roosevelt proclamar "Não há nada a temer, a não ser o próprio medo". Homens de todos os cantos se agitaram com a declaração, que trouxe uma pausa para o pânico que assombrava nossa economia e abalava as estruturas do nosso governo.

Enquanto o presidente dizia essas palavras, outro homem ouvia com satisfação silenciosa. Ele estava acostumado a transmitir palavras e ideias para homens de todas as esferas de atuação. Esse era o seu trabalho. O fato de o presidente dos Estados Unidos achar adequado usar a ideia que ele, na função de conselheiro confidencial, tinha expressado foi outro grande marco em uma longa e frutífera carreira dedicada a levar ao mundo uma filosofia que as pessoas poderiam usar para melhorar a si mesmas.

Esse homem, que se manteve anônimo, era Napoleon Hill. Autor de obras como *O manuscrito original – As leis do triunfo e do sucesso de Napoleon Hill*, *Como aumentar o seu próprio salário* e outros *best-sellers*, ele é considerado um escritor de sucesso. Mas aqueles que realmente compreendem a mensagem que ele tenta passar o reconhecem como muito mais do que um autor. A escrita foi apenas uma das ferramentas que ele usou para dizer a milhões a verdade sobre si mesmos e sobre os poderes que eles dificilmente reconhecem ter.

Que poderes são esses? De forma resumida, incluem vastas e inexploradas reservas de inteligência e habilidades humanas. Hill tem a honra de ter dedicado a vida à criação de uma fórmula que destrava esses poderes com máxima potência e a ensinar pessoas a aplicar suas descobertas no cotidiano.

A voz do Napoleon Hill de 65 anos foi ouvida em todos os cantos do mundo, e seus efeitos foram poderosos. Milhões de leitores de vinte nações diferentes leram seus livros. Até a distante Índia foi tocada por seu trabalho. Por meio da influência de Mahatma Gandhi, uma editora em Mumbai, Índia, publicou e distribuiu todas as obras de sucesso de Hill. No Brasil, seus livros foram traduzidos e publicados em português. E uma edição especial de seu livro mais famoso, *Think and Grow Rich*[1], foi publicada em Sydney, Austrália, e distribuída por todo o império britânico. Apesar de esse livro ter sido publicado pela primeira vez nos Estados Unidos em 1937, ainda é um *best-seller* no país inteiro, e imensas quantidades são compradas por chefes para ser dadas de presente a seus empregados.

Napoleon Hill iniciou cedo sua busca pela fórmula do sucesso. Quando a encontrou, dividiu seu conhecimento com milhões que a aguardavam e que, não fosse por isso, teriam continuado presos na obscuridade de onde saíram.

A motivação de Hill para esse trabalho vem de sua quase inacreditável história de vida. Filho de um pobre montanhês da Virgínia, parecia fadado a passar a vida chafurdando em infinita ignorância. "Produção clandestina de bebida, alambiques nas montanhas e brigas mortais entre famílias eram as principais atividades da nossa comunidade", diz ele sorridente, "e a maior parte das casas eram barracos de madeira caindo aos pedaços ou cabanas de chão batido."

Os Hill moravam em uma casa como a última descrita. Quando sua mãe faleceu, o jovem Napoleon (nome dado em homenagem a um tio-avô rico) ainda era uma criança. Esse baque deixou marcas. Provavelmente para esconder a cicatriz, ele passou a ser conhecido como o menino mais durão de Wise County. Ostentou esse título como uma medalha de honra – até o pai apresentar à criança de 9 anos uma madrasta.

A nova Sra. Hill trouxe uma nova perspectiva para os assuntos domésticos. Não sendo uma montanhesa, ficou chocada com o que viu – e decidida a mudar a situação. Napoleon, que poderia ter sido seu maior problema, se tornou sua maior vitória.

"Fui apresentado a ela como o menino 'mais malvado' da cidade", recorda o aclamado cientista do sucesso. "Mas minha madrasta bateu os olhos em mim e disse: 'Ele não é malvado. É só um menino que não aprendeu a canalizar sua

1 A edição revista e atualizada de *Think and Grow Rich* foi lançada no Brasil pela Citadel com o título *Quem pensa enriquece – O legado*.

inteligência para fins construtivos'." De certo modo, essas palavras se tornariam o pilar da filosofia que Hill estava destinado a desenvolver nas décadas seguintes. A Sra. Hill se tornou a luz guia. Usando seu dote, ela fez o marido estudar e não sossegou até ele se tornar um dentista bem-sucedido. Napoleon e seu irmão mais novo foram resgatados pela determinação da madrasta de dar a eles uma nova chance. Aos 12 anos, a futura inspiração de milhões completou o ensino fundamental; aos 14, era repórter em meio período para quinze jornais; aos 15, depois de terminar o ensino médio, entrou no curso de administração na faculdade de Tazewell, Virgínia. Quanto mais seus horizontes se expandiam, mais sua aversão à ignorância crescia e mais sua determinação em avançar se intensificava.

Quando terminou a faculdade de administração, Hill conseguiu um emprego com um advogado. Como o inexperiente rapaz de 16 anos conseguiu esse trabalho é uma saga de muita audácia e visão de futuro. Ele deduziu que seu primeiro emprego deveria ser um trampolim. Um bom começo era essencial, e o dinheiro, naquele momento, quase não tinha importância.

Seguindo esse raciocínio, ele escreveu uma carta para Rufus A. Ayres, um ex-promotor da Virgínia e um dos advogados mais famosos do estado. O teor geral da carta era o seguinte:

> Concluí recentemente minha graduação no curso de administração, sou qualificado para trabalhar como seu secretário e me sinto muito entusiasmado com a ideia de ocupar esse cargo. Já que não tenho experiência prévia, sei que, no começo, meu trabalho terá muito mais valor para mim do que para você. Por isso, estou disposto a pagar pelo privilégio de trabalhar para você. Pode me cobrar o quanto achar justo, e deixamos acordado que ao fim de três meses essa quantia será o meu salário. A soma do que eu pagarei pode ser deduzida do que você me pagará quando eu começar a receber.

"O promotor Ayres", Hill recorda, "ficou tão impressionado com a minha carta que me contratou." No fim do primeiro mês, o famoso advogado começou a pagar ao rapaz um salário regular, e rapidamente o jovem se tornou um de seus assessores de confiança.

O trabalho jurídico mexeu tanto com Hill que por um tempo ele considerou fazer carreira na área. Quando tinha 18 anos, decidiu se matricular na faculdade de direito da Universidade de Georgetown, em Washington, D.C., para se qualificar como advogado. Tomar essa decisão exigia muita coragem. Ele não tinha dinheiro para financiar sua educação. Entretanto, tinha uma ideia. Como já havia ganhado dinheiro escrevendo para jornais, acreditava que poderia voltar a fazer isso. Dessa vez, queria se especializar em biografias de pessoas de sucesso – era o tipo de história que muitas revistas da época estavam publicando.

HILL CONHECE O SUCESSO PERSONIFICADO

O primeiro passo foi se aproximar do senador Bob Taylor, do Tennessee. Além de senador, Taylor era editor de um importante jornal da época. O jovem Hill queria uma garantia de renda regular pelo material que escreveria. Taylor, intrigado com o jovem rapaz, ofereceu a ele cartas de apresentação para pessoas proeminentes que poderiam ser bons temas para artigos futuros. Quando a entrevista acabou, a lista de Hill incluía Thomas Edison; John Wanamaker, o príncipe do comércio; Edward Bok, editor do *Ladies' Home Journal*; Cyrus H. K. Curtis, editor do *Sunday Evening Post*; Alexander Graham Bell, inventor do telefone; e Andrew Carnegie, o grande magnata do aço.

Deslumbrado com as perspectivas de seus novos contatos, Hill deixou de lado os estudos de direito e mergulhou no jornalismo. O momento decisivo da sua vida aconteceu durante a entrevista com Andrew Carnegie, o homem que construiu um dos mais poderosos impérios industriais da história.

Após uma viagem até Pittsburgh, Hill foi diretamente para o escritório de Carnegie. Passaram três horas conversando sobre a vida do magnata. Ao final da conversa, Carnegie, muito impressionado com o jovem rapaz, o convidou para ficar em sua casa. As conversas continuaram por três dias. Enquanto repensava os incidentes que o levaram à ascensão, Carnegie, outrora um imigrante sem um tostão no bolso, disse a Hill que o mundo precisava de uma filosofia de sucesso baseada no *know-how* de homens como ele, que adquiriram conhecimento com as experiências da vida, por meio de tentativa e erro. O mundo precisava de uma espécie de planta, um esquema que ajudasse as pessoas a aproveitar seus talentos ao máximo. O trabalho seria longo e árduo, exaustivo, e talvez não desse retorno durante muito tempo. Mas alguém, ele insistiu, teria que assumir a responsabilidade.

Ao final do terceiro dia, Carnegie repentinamente confrontou seu jovem interlocutor com uma pergunta: "Você estaria disposto a passar vinte anos desenvolvendo esse trabalho? Responda apenas sim ou não. Demore o quanto precisar para tomar a decisão e me avise quando tiver certeza".

Hill, atônito, sentou. Instantes depois, o rapaz de 19 anos soltou: "Sim, aceito o trabalho, e pode confiar em mim para cumpri-lo!".

Carnegie mostrou a Hill o relógio que tinha na mão. "Você levou 29 segundos para decidir. Eu iria dar sessenta segundos para você resolver!"

Mais tarde, Hill descobriu que o industrial tinha sugerido a outros homens que se encarregassem desse trabalho, mas apenas Hill se encaixou nas qualificações. Dessa forma, então, Napoleon Hill iniciou a tarefa monumental de sua vida – a organização da sua filosofia única de sucesso, uma filosofia publicada, como Carnegie havia previsto, mais de vinte anos depois e só então lida por milhões.

Hill abriu os trabalhos estudando intensivamente a vida de quinhentas das mais bem-sucedidas pessoas do país, começando por Henry Ford na época em que o famoso Modelo T surgiu. Carnegie ajudou fornecendo a ele cartas de apresentação para abordar homens importantes. Henry Ford, William Wrigley Jr. e outros do mesmo nível faziam parte desse grupo.

Apesar de os homens fantásticos que Hill conheceu terem cooperado no fornecimento de informações, pouco fizeram, se é que fizeram algo, para ajudar em sua situação financeira. Durante os longos anos seguintes, enquanto trabalhava na filosofia do sucesso e testava as "leis" que foram reveladas a ele, a vida de Hill deu muitas voltas. Foi durante o furor da experiência e do esforço, no caldeirão do sucesso e do fracasso, que *O manuscrito original* nasceu.

A ascensão de Hill foi alavancada logo após o casamento, em 1910, quando visitou a família da esposa em Lumberport, Virgínia Ocidental. A comunidade havia muito era afetada pela falta de uma ponte adequada que suportasse o tráfego sobre o rio Monongahela. O jovem, usando o que havia aprendido com Carnegie, entrou em contato com funcionários públicos e empresários. Explicando como todos poderiam se beneficiar, ele os convenceu a dividir os custos, superiores a US$ 100 mil. E a cidade ganhou a ponte de que tanto precisava!

A construção da ponte levou à cidade o transporte ferroviário e com ele novas oportunidades de prosperidade nos negócios, das quais Hill e os parentes de sua esposa foram rápidos em tirar proveito. Foi fundada uma companhia para a produção de gás natural, e ela se tornou tão rentável que aliviou Hill e sua família de todas as necessidades financeiras a partir de então e permitiu que seus três filhos frequentassem a universidade estadual. Durante os 44 anos de operação, o negócio registrou uma renda bruta de milhões de dólares e está agora sob o controle do filho mais velho de Hill.

As dez leis do sucesso

Quando questionado sobre como alcançou o sucesso, Napoleon Hill apontou a fórmula de dez regras para o sucesso que Andrew Carnegie sugeriu como ponto de partida para sua pesquisa:

1. Definição de objetivo – a escolha de um objetivo ou propósito principal.
2. Aliança de MasterMind – estabelecer contato e trabalhar com pessoas que têm o que você não tem.
3. Esforço extra – fazer mais do que o que você precisa fazer é a única forma de ascender e conseguir promoções e mantém as pessoas em dívida com você.
4. Fé aplicada – o tipo de crença que tem uma *ação* por trás.
5. Iniciativa pessoal – faça o que tem que fazer sem que alguém precise mandar.
6. Imaginação – desafie-se a fazer o que você acha que é impossível.
7. Entusiasmo – característica contagiante que atrai entusiasmo correlacionado.
8. Pensamento preciso – a capacidade de separar os fatos da ficção e usar o que for pertinente para seus problemas ou interesses.
9. Concentração de esforço – não se distrair dos seus propósitos.
10. Beneficiar-se das adversidades – lembrar que existe um benefício equivalente para cada revés.

O sucesso de Hill trouxe-lhe notoriedade nacional e uma proposta para dirigir uma famosa escola por correspondência – com um salário e comissão que se alega terem sido superiores à então fabulosa quantia de US$ 15 mil por ano. Em apenas dois anos, ele captou mais de US$ 1 milhão em capital para a empresa, possibilitando a expansão das operações. Hill então decidiu comandar a própria escola e passou os dois anos seguintes dando aula de publicidade. A filosofia do sucesso, nessa época tomando forma em sua mente, era testada diariamente em tudo que ele fazia – e funcionava.

O governo aplica a fórmula do sucesso

Foi nesse contexto que teve início a Primeira Guerra Mundial. Hill, que havia conhecido Woodrow Wilson por meio de Carnegie quando o presidente norte-americano era reitor da Universidade de Princeton, foi chamado a Washington para trabalhar como conselheiro confidencial de propaganda para o chefe do

Executivo. Suas atividades durante a guerra foram muito importantes para estimular o fervor patriótico necessário à vitória.

Quando a poderosa máquina militar alemã entrou em colapso em 1918, Hill sugeriu um plano que ajudou a destruir a antiga dinastia Hohenzollern e colocar o *kaiser* a correr! O presidente Wilson mal havia acabado de ler o pedido de trégua alemão quando se virou para Hill e mostrou o despacho. "Senhor presidente", exclamou Hill, "será que não deveríamos perguntar se este pedido está sendo feito em nome do povo alemão – ou em nome do governo imperial?" A pergunta, ecoada por Wilson, levou à abdicação do *kaiser*. Foi o fim do reinado de uma das mais importantes realezas do mundo e estimulou a derrocada de outras monarquias absolutistas.

Após a morte de Wilson e a posse de uma nova administração, Hill decidiu retomar seu trabalho como educador. Continuou a lecionar e palestrar para difundir as ideias e a filosofia que estava adquirindo por meio de seu constante estudo dos fatores que produzem o sucesso. Em uma de suas palestras, ele conheceu Don Mellet, editor do *Daily News* de Canton, Ohio, que se tornou um de seus grandes admiradores e, futuramente, seu empresário. Mellet pediu a Hill que resumisse suas pesquisas em texto e preparasse um manuscrito baseado em suas descobertas que pudesse ser publicado em forma de livro. O resultado foi o início da verdadeira escrita de Hill.

Antes que o trabalho fosse concluído, Mellet foi assassinado por um policial e quatro personagens do submundo que agora cumprem pena de prisão perpétua na Penitenciária Estadual de Ohio. Mellet descobriu o esquema dos quatro homens para vender drogas e bebidas e publicou seus nomes no jornal. Isso resultou no assassinato, e Hill escapou por pouco de ter o mesmo fim, porque os personagens do submundo acreditavam que ele estava por trás dos ataques do jornal. Antes de falecer, Mellet havia acordado com o juiz Elbert H. Gary, presidente do conselho da United States Steel Corporation, o patrocínio para a publicação dos livros de sucesso de Hill, mas Gary morreu antes que o acordo fosse oficializado. Resumindo, a mão do destino, ou o que quer que muitas vezes teste os homens antes que consigam chegar aonde querem, parecia estar dando cartas ruins para Hill nesse período dramático de sua carreira.

Hill se torna colunista

Um ano depois, Hill foi para a Filadélfia, para contatar o editor Albert L. Pelton, que deu uma olhada nos manuscritos de Hill e os comprou. Com isso sua primeira grande publicação – *The Law of Success* – foi lançada; a obra posteriormente foi publicada em oito volumes e agora é distribuída por todo o mundo[2]. A ascensão de Hill foi meteórica. Seus ganhos com *royalties* chegaram à marca de US$ 2,5 mil por mês e se mantiveram nesse nível por anos. Pessoas sedentas por sucesso de todas as partes usavam a obra como mapa para um futuro melhor.

Hill viajava frequentemente, palestrando, dando aulas e explicando sua filosofia. O aclamado editor Bernard McFadden por fim convenceu Hill a escrever uma coluna diária para o seu jornal – o *Daily Graphic*. A coluna, que se chamava *Sucesso*, tornou-se um dos principais atrativos do jornal e elevou a circulação para mais de duzentos mil exemplares nos primeiros três meses. Depois de um tempo, o *Daily Graphic* faliu. McFadden brincou sobre a falência ser resultado da coluna de Hill, que elevou a circulação muito além do espaço para a venda de anúncios. Na verdade, o que se diz é que os comerciantes de Nova York boicotaram o jornal de McFadden e se recusaram a comprar anúncios por conta de um desentendimento com o editor.

Uma oportunidade de trabalho ainda melhor surgiu quando Jennings Randolph, discípulo de Hill, foi eleito para o Congresso. Randolph conheceu Hill quando este fez o discurso de formatura da sua turma na Faculdade de Salem, na Virgínia Ocidental, em 1922. Atual assistente do presidente da Capital Airlines, cargo que assumiu depois de quatorze anos no Congresso, Randolph é discípulo de Hill desde muito jovem. A lei do sucesso havia mostrado seu valor para ele. E ele, em contrapartida, estava ansioso para auxiliar Hill e permitir que seus talentos tivessem um alcance maior. Graças aos esforços de Randolph e de Steve Early, assessor de imprensa da Presidência, Hill voltou à Casa Branca em 1933. A Depressão havia começado, e boa parte do trabalho de Hill foi dedicada a divulgar a Administração de Recuperação Nacional e recuperar a fé no governo. Foi durante esse período que ele contribuiu com a ideia de que "Não há nada a temer, a não ser o próprio medo".

Milhões aprendem as regras do sucesso

Depois que o pior da crise já havia passado, Hill deixou o governo e voltou a escrever e palestrar sobre sua filosofia a partir da plataforma mais importante do país. Em 1937 ele já tinha finalizado seu segundo livro – *Think and Grow Rich*. É um dos livros mais lidos e vendidos de todos os tempos – estima-se que mais de 60 milhões de pessoas dos Estados Unidos e muitos outros países já o

2 No Brasil esse clássico foi lançado pela Citadel como *O manuscrito original – As leis do triunfo e do sucesso de Napoleon Hill.*

tenham lido. No período desde sua publicação, Hill estima que a obra tenha rendido aproximadamente US$ 23 milhões de lucro.

Hill comprou uma fazenda na Flórida e se aposentou. Mas ele estava cheio de ideias, e essas ideias se faziam necessárias no mundo com excessiva urgência para que ele ficasse naquele isolamento. Em 1940 ele estava farto da inatividade e voltou ao trabalho que dera sentido à sua vida: a propagação da filosofia do sucesso que suas intermináveis pesquisas haviam produzido.

As circunstâncias que o fizeram voltar à atividade pública foram típicas. Ele recorda: "Mark Wooding, um aluno meu, tinha aberto um restaurante em Atlanta, Geórgia, e fiquei sabendo que ele estava passando por dificuldades financeiras. Eu não poderia ignorar todas as vezes que ele me ajudou quando precisei, então entrei em um avião e fui para Atlanta ver o que podia fazer por ele". Hill ajudou seu amigo oferecendo uma série de palestras sobre sua filosofia do sucesso para os clientes que iam jantar no restaurante. O ingresso era a conta do jantar. Os negócios melhoraram, e as palestras de Hill se popularizaram.

Durante essas palestras, ele conheceu William P. Jacobs, presidente da Faculdade Presbiteriana de Clinton, na Carolina do Sul. O presidente da faculdade, que também era dono de uma grande gráfica, além de outros negócios, pediu a Hill que reescrevesse toda a sua filosofia de realização pessoal e se ofereceu para publicá-la em uma nova edição.

Em 1º de janeiro de 1941, Hill começou a transcrever as anotações feitas durante as muitas conferências com Andrew Carnegie, e no final do ano – um dia antes do ataque japonês a Pearl Harbor – o trabalho foi concluído. O resultado foi a publicação de *Mental Dynamite*, uma obra em dezesseis volumes.

Depois do lançamento da primeira edição, a escassez de papel resultante da guerra obrigou a interrupção do projeto. Mesmo assim, Hill se orgulha da sequência de eventos que levaram à publicação do trabalho. "Isso ilustra", diz ele, "a importância de oferecer uma mão amiga, o poder produzido pelo esforço extra. Eu não precisava ajudar meu amigo Wooding a tornar seu restaurante um sucesso. Mas, por ter ajudado, também fui beneficiado."

Se você quiser, você pode

Hill usou esse exemplo, junto com muitos outros de sua experiência pessoal, para provar a veracidade da sua teoria da força cósmica do hábito. Essa teoria se baseia na ideia de que "tudo que a mente pode conceber e acreditar, a mente pode realizar". Em outras palavras, se você acreditar que pode fazer algo, você será capaz de fazer, apesar de quaisquer obstáculos que possam aparecer. Hill acreditou que poderia ajudar seu amigo e pôde – e a lei da compensação mais do que lhe retribuiu por seus esforços.

Durante a guerra, Hill forneceu serviços para a indústria – colaborando para a eliminação de possíveis fontes de problemas trabalhistas em fábricas importantes. E, em 1944, quando se sentiu pronto para uma aposentadoria parcial, ele e a esposa se mudaram para a Califórnia. Ao chegar a Los Angeles, Hill descobriu que seus livros e sua filosofia estavam sendo lidos e aplicados por milhares de pessoas. A principal biblioteca de Los Angeles tinha 71 cópias de *Think and Grow Rich*, todas bastante desgastadas pelo manuseio. O livro era o destaque de sua seção. Por conta da tremenda quantidade de fãs na Costa Leste, Hill se tornou comentarista de rádio, e seu programa na KFWB de Los Angeles, transmitido por três anos, foi um dos mais famosos já produzidos na região.

Mas uma nova e provavelmente a mais importante fase de sua vida ainda estava por vir. Ela teve início em 1951, quando, a convite de um de seus ex-alunos, Hill foi para St. Louis conduzir um programa de treinamento baseado na sua filosofia do sucesso para um grupo de 350 homens. Durante esse curso, ele conheceu um dentista que o convidou para fazer uma palestra para um grupo de cinquenta dentistas em Chicago. Hill aceitou o convite.

O começo de uma nova carreira

Foi uma escolha decisiva. Como sempre em sua longa e produtiva vida, o afã de Hill para servir o próximo abriu-lhe oportunidades ainda maiores. Um dos convidados da reunião era W. Clement Stone Jr., convidado por seu dentista para ouvir a palestra de Hill. O jovem Stone, filho de um dos empresários líderes do setor de seguros do país, apresentou-se a Hill tão logo este chegou.

"Meu pai", disse ele ao cientista do sucesso, "estudou sua filosofia durante toda a vida. Na verdade, construiu seu negócio multimilionário baseado nos princípios que você descreve em seus livros." Ao comentar sobre o encontro, Hill disse: "Quando ele me contou que o pai dele era o presidente da Combined Insurance Company of America, lembrei que durante anos a empresa havia comprado grandes quantidades de praticamente todos os meus livros de tempos em tempos".

No intervalo do almoço, Hill foi apresentado ao Sr. W. Clement Stone e ficou sabendo que este havia cancelado uma importante viagem de negócios para ouvir sua palestra. Stone comentou o quanto *The Law of Success*, *Think and Grow Rich*, *Mental Dynamite* e outras obras tinham sido importantes para ele e lançou uma nova ideia. "Sua filosofia de sucesso deve ser registrada em filmes que possam ser vistos e ouvidos por milhares. Precisa ser apresentada de uma forma que possa fazer o melhor para a maior quantidade possível de pessoas."

O magnata multimilionário dos seguros então ofereceu seus serviços para financiar o projeto caso Hill concordasse. Extasiado com a nova ideia, Hill estudou a proposta e por fim aceitou. Mais tarde, a aliança com Stone se expandiu, e o executivo se tornou seu empresário. Sob os termos do contrato firmado, Stone se tornou empresário e editor exclusivo de Hill. O resultado foi a abertura de uma nova organização – a Associação Napoleon Hill. Por meio desta, os diretores tinham a esperança de multiplicar a capacidade de Hill de atingir milhões que precisavam de sua ajuda. Esperavam dar a mais homens a notável fórmula do sucesso que tanto tinha feito por outros que estudaram e aplicaram seus princípios.

A aliança entre Stone e Hill já deu muitos frutos. Resultou na publicação de *Como aumentar o seu próprio salário*, na preparação de um novo manuscrito a ser publicado com o título *How to Find Peace of Mind* (Como encontrar a paz mental), em filmes que preservam a personalidade dinâmica e os preceitos verbais de Hill para as gerações futuras e na criação de um grupo de homens e mulheres que estudam diretamente com Hill para se tornar professores de sua doutrina. Eles vão multiplicar a presença de Hill ao lecionar simultaneamente sua filosofia em várias cidades, estados e regiões do país.

Revitalização total

Nem é preciso dizer que a filosofia funciona. Paris, no Missouri, é um exemplo típico. Hill ensinou a um grupo da cidadezinha do Meio Oeste a usar e aplicar seus princípios. Um ano depois, a aldeia sonolenta que não tinha mudado quase nada desde os tempos da Guerra Civil estava completamente revitalizada. Novos prédios, uma nova igreja e muitas melhorias cívicas mudaram a cidade por completo. E está previsto um programa contínuo de melhorias.

Os formandos de Hill, que permanecem unidos em um grupo que chamam de Clube do Sucesso Ilimitado, continuam a trabalhar em busca de mais avanços. Hoje, Hill e Stone, juntos, anseiam pelo dia em que Sucesso Ilimitado será o lema de todos, quando todos os homens e mulheres que querem mais da vida, todos que estiverem preocupados em criar um futuro melhor, farão parte de um mesmo grupo.

Para possibilitar o acesso a todos, mesmo aos que vivem em lugares remotos e isolados, Stone e Hill desenvolveram programas de estudo a distância, planejamentos para grupos de estudo autônomos e aulas especiais conduzidas por professores e moderadores especialmente treinados. Eles planejam realizar, nos próximos cinco anos, o que normalmente levaria cinquenta anos de planejamento e trabalho, incluindo a tradução da Ciência do Sucesso para os principais idiomas do mundo.

Princípios básicos levam ao sucesso

A filosofia de Hill é um conceito vivo e crescente sobre os homens e os fatores que governam suas vidas. Ela se expandiu ao longo dos anos. Além dos dez princípios básicos aprendidos com Carnegie, homens como Ford, Edison e quase quinhentos outros líderes que colaboraram na pesquisa dos elementos do sucesso individual contribuíram com sete pontos adicionais. São eles:

1. Aplicação da Regra de Ouro – semear o que se está disposto a colher.
2. Força cósmica do hábito – a lei controladora da natureza que forma todos os hábitos, descrita de forma abstrata na lei da compensação de Emerson.
3. Concentração – ater-se a uma tarefa até ser concluída ou descartada por algum motivo justo.
4. Personalidade agradável – um traço que pode ser desenvolvido e sempre aprimorado.
5. Autocontrole – domínio sobre os pensamentos, a fala e as ações.
6. Hábitos saudáveis – moderação na alimentação, nos exercícios, nos pensamentos e na bebida.
7. Economia – orçar bem o tempo, os lucros e os gastos.

Parece uma fórmula simples. Parece básica. Todavia, representa os esforços de uma vida inteira. Relativamente poucas pessoas na história foram capazes de aplicar todos os princípios o tempo todo. Hill, o homem que já ensinou milhões a ter sucesso, espera ensinar outros mais a dominar esses princípios do sucesso. Se conseguir, ele tem certeza de que o poder que esse conhecimento dará aos homens, essa chave para o sucesso individual, poderá ser um antídoto eficiente para a frustração e o descontentamento que resultam em guerras, que convertem fracassados ao comunismo.

"Se você tem o poder para evoluir, se tem certeza de que pode ter um futuro melhor, você jamais abrirá mão do seu direito à liberdade", afirma Hill.

Salesman's Opportunity: The Magazine of Successful Selling, novembro de 1954.

FÉ É A CHAVE MESTRA DA CIÊNCIA DO SUCESSO

por Napoleon Hill

"Se vocês tiverem fé do tamanho de um grão de mostarda, poderão dizer a este monte: 'Vá daqui para lá', e ele irá. Nada lhes será impossível." (Mateus 17:20)

A fé é a chave mestra com a qual podemos abrir a porta que separa nosso destino terreno da fonte eterna de poder do universo. A ciência descobriu o segredo do poder dos átomos, dominou os céus sobre nossas cabeças e os oceanos sob nossos pés e nos deu meios de transporte que se movem mais rápido do que o som, mas a ciência não explicou o inexorável poder da fé.

Acho que sei um pouco sobre o assunto da fé aplicada, e aprendi não pela teoria nem lendo um livro, mas pela observação e experiência. Deixe-me contar como encarei a primeira grande oportunidade de testar minha fé, quando era jovem.

Eu havia concluído uma entrevista de três dias com Andrew Carnegie, filantropo e fundador da United States Steel Corporation. Na época, Carnegie era o homem mais rico do mundo. Ele havia me encarregado de ser o autor da primeira filosofia prática de realização pessoal, mas vinculou a incumbência à condição de que eu deveria dedicar vinte anos à pesquisa e me sustentar sem o apoio financeiro dele.

Tentei desesperadamente recusar a tarefa, considerando que eu não tinha os fundos necessários para me manter durante vinte anos de trabalho sem lucro, não tinha escolaridade suficiente que justificasse aceitar tamanha responsabilidade e, pior ainda: não tinha certeza de entender o significado da palavra "filosofia".

Todos esses "álibis" pipocaram em minha mente enquanto eu estava sentado na biblioteca de Carnegie e ele aguardava minha resposta, mas de alguma forma não consegui abrir a boca para recusar a fantástica oportunidade que ele estava oferecendo. Então, como um relâmpago, uma luz muito forte incidiu em mim, e a sala pareceu iluminada por um holofote. Algo dentro de mim falou: "Diga que você aceita a proposta". E aceitei.

Quando contei aos meus parentes que havia aceitado um trabalho por vinte anos sem remuneração e eles descobriram que meu chefe era o homem mais rico do mundo, tiveram certeza de que eu estava louco. Mas eu estava feliz por perceber que tinha encontrado a primeira grande oportunidade de seguir meu caminho movido pela minha fé.

Durante os vinte anos de trabalho com Carnegie, aprendi muitas coisas. Um fato muito importante que descobri é que toda adversidade, todo fracasso, toda frustração e toda situação desagradável de nossas vidas traz consigo a semente de um benefício equivalente. O Criador assegurou com sabedoria que nada de valor pode ser tomado de alguém sem que algo de igual ou maior valor seja disponibilizado para ocupar aquele lugar. Procure o quanto quiser, você nunca encontrará verdade mais profunda do que essa – um fato que consola e afasta dos abismos do desespero quando você está tomado pela aflição – desde que você seja movido pela fé.

Durante os anos de pesquisa e organização da Ciência do Sucesso, fui atingido por nada menos do que vinte derrotas enormes, que trouxeram com elas gloriosas oportunidades de testar minha fé. Se não fosse o conhecimento revelado por essas derrotas, a filosofia da Ciência do Sucesso não poderia ser concluída durante minha vida.

Talvez a maior bênção que eu tenha recebido por meio das minhas experiências de derrota tenha sido a descoberta de que rezar pode nos guiar, mas que, para nos beneficiarmos das preces, devemos fazer as coisas por conta própria. Além disso, as mais efetivas de todas as preces são aquelas em que expressamos nossa gratidão pelas bênçãos que já recebemos, em vez de pedir mais.

Depois que aprendi a rezar dessa forma, minhas bênçãos começaram a se multiplicar, até eu ter tudo que desejava e precisava, sem ter que pedir mais nada. Um importante momento decisivo da minha vida foi o dia em que eu disse pela primeira vez: "Ó, Senhor, não peço mais bênçãos, mas mais sabedoria para fazer melhor uso das bênçãos que recebi ao nascer – o privilégio de controlar e direcionar minha mente para atingir meus objetivos".

A mente é projetada de modo a atrair a essência daquilo sobre o que mais pensa. Na verdade, a vida traz a todos aquilo que mais ocupa sua mente, sejam pensamentos baseados no medo, sejam baseados na fé. A maior parte das pessoas passa a vida com a mente dominada pelos medos e pelas limitações autoimpostas e se indaga por que a vida é tão injusta com elas.

O medo nada mais é do que a fé em marcha à ré! O alicerce sobre o qual a fé e o medo repousam é a crença em alguma coisa.

Outra coisa que aprendi enquanto trabalhei com Carnegie foi que, se você faz o melhor uso de quaisquer ferramentas e circunstâncias que tenha em mãos com a fé de que vai atingir seus desejos, ferramentas e circunstâncias melhores vão se revelar misteriosamente. Se você tem em mente um propósito que deseja atingir, o lugar para começar é exatamente onde você está.

A única qualificação que eu tinha para aceitar a incumbência de Andrew Carnegie de organizar a Ciência do Sucesso era uma fé inabalável de que os meios para executar a missão seriam revelados a mim ao longo do tempo. E sempre foram!

Um exemplo mostrará como o Senhor trabalha misteriosamente. Há muito tempo, percebi que eu precisava de um sistema automático para dar conta de todas as minhas necessidades. Adotei o que chamo de Nove Guias Invisíveis. Eu os chamo de meus Nove Príncipes.

Meu sistema de fé aplicada consiste em nove entidades invisíveis que criei mentalmente. Cada uma delas aproveita e utiliza o estoque de créditos de fé que acumulo expressando gratidão pelas bênçãos que desejo mesmo antes de alcançá-las. Não sei se esses guias são imaginários ou não. Talvez o Senhor realmente os tenha criado como entidades invisíveis, mas são tão eficientes quanto seriam se fossem reais.

O Príncipe da Boa Saúde trabalha enquanto eu durmo, mantendo meu corpo físico saudável e em condições propícias para o abrigo e funcionamento da minha mente. Cada célula do meu corpo é revitalizada com a energia necessária para funcionar de modo eficiente.

O Príncipe da Prosperidade Financeira atende a todas as minhas necessidades financeiras, me inspirando a fornecer serviços úteis na proporção necessária para suprir minhas exigências. Apesar de eu ter nascido e crescido na pobreza, minhas necessidades financeiras não são mais uma preocupação. São supridas automaticamente, me livrando das preocupações com dinheiro.

O Príncipe da Paz Mental mantém minha mente sempre livre de coisas que causam medo e preocupação, condicionando-a, assim, à expressão da fé.

Os Príncipes da Esperança e da Fé são gêmeos. Trabalham juntos para me manter ativo nos deveres que enriquecem minha vida e me ajudam a enriquecer a vida de outros por meio dos livros que escrevo e dos conselhos pessoais que tenho o privilégio de dar a muitos dos meus amigos. Ajudam-me a enxergar um final feliz para todo empreendimento, mesmo antes de eu ter um objetivo. Ainda mais importante, a esperança e a fé juntas funcionam como a chave mestra com a qual posso abrir a porta para a Inteligência Infinita a fim de cumprir qualquer propósito que queira.

Os Príncipes do Amor e do Romance também são gêmeos. Mantêm meu corpo e minha mente jovens e revestem todas as minhas atividades com o espírito do amor, o que faz deles uma influência poderosa que beneficia a todos que deles se servem.

O Príncipe da Paciência me dá uma vida equilibrada e me ajuda a dividir o tempo entre meus pensamentos e ações por meio da autodisciplina, de modo que são eficientes e benéficos para todos a quem influenciam. Esse príncipe me ajuda a me relacionar com os outros de forma compreensiva e tolerante, o que contribui para amizades duradouras.

O Príncipe da Sabedoria Geral me mantém ligado a todas as influências que tocam minha vida – passadas, presentes e futuras – de modo que me beneficie delas, sejam agradáveis, sejam desagradáveis. Esse príncipe também me guia na direção certa quando chego a encruzilhadas da vida onde devo tomar decisões que estão além do alcance da minha educação, experiência e capacidade inata.

Além disso, minha fé é uma espécie de embaixatriz itinerante cuja função é prestar serviços que não foram delegados aos nove guias.

Às vezes preciso da fé para cumprir funções que não podem ser consideradas pouco importantes. Por exemplo, muitos anos atrás, eu e minha esposa decidimos vender nossa casa na Califórnia e voltar para Greenville, na Carolina do Sul, para eu poder economizar o tempo dos voos entre minha casa e meu escritório em Chicago, Illinois.

Tínhamos ideias muito claras do tipo de casa e localização que desejávamos. Primeiramente, tinha que ser um bairro de primeira classe. Precisava ser em um terreno grande, repleto de várias espécies de árvores. A casa precisava ser do tipo descoordenada, que nos permitisse construir mais peças caso desejássemos, e tinha que ficar em uma colina. Por último, mas não menos importante, precisava ficar dentro de determinada faixa de preço. Não era uma combinação fácil de requisitos a serem preenchidos em Greenville ou em qualquer lugar. Mas colocamos a fé em ação e, em alguns dias, fomos levados até o lugar exato que cumpria todas as nossas exigências.

Em nossa casa não expressamos palavras negativas, não damos espaço para pensamentos negativos, mas enchemos todos os recintos com esperança, fé, amor e romance. Todos os dias abençoamos todos os cômodos de nossa casa. Abençoamos nosso bosque de lindas árvores e flores. Abençoamos os passarinhos que se alimentam na nossa "lanchonete de pássaros" e se banham na nossa banheira de pássaros. E abençoamos nossos incontáveis amigos ao redor do mundo, ainda que conheçamos poucos pessoalmente.

Por fim, abençoamos a você que está lendo esta mensagem e sinceramente esperamos que encontre nela alguma manifestação que enriqueça sua vida e amplie o poder do bem em todas as suas relações humanas.

The Cadle Call, abril de 1964, Vol. XXIII, nº 9, p. 8–10.

EM PLENO VOO

"FAZER UM ESFORÇO EXTRA" COMPENSA, DIZ NAPOLEON HILL

por Charles H. Garrison

O convidado de hoje é Napoleon Hill, autor e palestrante nacionalmente conhecido, residente em Clinton. Nascido no sudoeste da Virgínia, Hill é um ex-banqueiro que há cerca de trinta anos foi selecionado por Andrew Carnegie entre muitos candidatos para a importante tarefa de analisar os métodos de negócios de alguns dos gigantes da indústria norte-americana. Desde então, Hill foi em frente até seus métodos se tornarem conhecidos e aplicados em muitos países além dos Estados Unidos. Seu artigo de hoje, "Fazer um esforço extra", tem um apelo prático e cotidiano.

Há mais de trinta anos, Andrew Carnegie segurou um cronômetro escondido debaixo da mesa para ver quanto tempo eu levaria para reconhecer e abraçar a oportunidade que ele me oferecera. A oportunidade consistia no privilégio de organizar a filosofia da realização norte-americana, baseada nas experiências de Carnegie, Thomas A. Edison, Henry Ford, John Wanamaker, Cyrus H. K. Curtis, Alexander Graham Bell e outros no estilo de vida americano. Por meio dessa pesquisa, os dezessete princípios da realização pessoal foram descobertos, e o mais útil deles provavelmente é o hábito de fazer um esforço extra.

Escolhi o princípio do esforço extra como tema da coluna de hoje porque o mundo inteiro está indo rapidamente à falência espiritual, e o principal motivo é que a maioria das pessoas inverteu esse princípio, tentando conseguir algo a troco de nada. Desconfio que isso ocorra porque o verdadeiro significado espiritual dessa regra não foi compreendido de uma forma geral. Em última análise, essa é a Regra de Ouro resumida e aplicada a todos os relacionamentos humanos. Lloyd Douglas captou o pleno significado dessa grande regra universal e a interpretou no livro *Magnificent Obssesion*, que causa profunda impressão nos leitores.

Nosso país pode precisar de uma Marinha para dois oceanos, pode precisar da maior frota de aviões do mundo, pode precisar produzir equipamento bélico em larga escala; eu acho que realmente precisa disso tudo, mas do que mais precisa é que as pessoas – todos nós – parem de tentar receber sem dar e comecem a fazer um esforço extra agora, no mesmo espírito com que os 56 homens que assinaram a Declaração de Independência aplicaram essa regra no nascimento do país "mais livre e mais rico" já conhecido pela civilização.

Essa é não só a única salvação para as nossas almas (embora alguns nem pareçam tão preocupados com a alma quanto com o bolso), como também a maneira mais rápida e mais garantida de atingir a autonomia econômica, pois, assim como a noite segue o dia, o homem que faz mais do que é pago para fazer e faz com uma atitude mental positiva mais cedo ou mais tarde será pago por mais do que faz. Em mais de trinta anos de observação, nunca tive conhecimento de que essa regra tenha falhado.

Veja como exemplo a minha própria experiência. Andrew Carnegie disse: "Se você fizer um esforço extra e dedicar vinte anos de trabalho não remunerado para descobrir o que me fez estar sempre à frente, não apenas vai garantir que milhões que ainda nem nasceram sejam beneficiados, como também os resultados do seu trabalho darão segurança financeira para o resto de sua vida, ainda que você nunca mais faça nada".

Conheça William Jacobs

Acreditei no que Andrew Carnegie disse porque a vida inteira ele demonstrou conhecer as regras da realização pessoal, sendo que aplicou uma delas – fazer um esforço extra – de forma tão bem-sucedida que sua fortuna segue crescendo, ajudando a educar as pessoas que querem avançar por meio dos próprios esforços em vez de tentar obter algo a troco de nada. Fui recompensado muito além do que poderia esperar, pois hoje a filosofia da realização americana se tornou conhecida no mundo inteiro, e eu e o Dr. William Plumer Jacobs, presidente da Faculdade Presbiteriana, estamos lançando uma edição popular para as massas desse país, esperando com isso contrabalancear o hábito popularizado de tentar conseguir algo a troco de nada.

Por anos tive a esperança de apresentar essa filosofia ao povo norte-americano (em cumprimento a minha promessa a Carnegie) a preço de custo, mas a maior dificuldade foi encontrar um editor com visão suficiente para adotar o princípio de fazer um esforço extra e pensar em servir às pessoas em vez de obter dividendos. Por fim encontrei o homem certo quando, graças a uma série de circunstâncias incomuns, tive o privilégio de conhecer o Dr. Jacobs. Eu estivera à procura de um editor entre as grandes companhias do Leste, mas o encontrei na cidadezinha de Clinton, na Carolina do Sul, o último lugar do mundo onde procuraria alguém com visão criativa o suficiente para me ajudar a prestar um serviço desse porte para o povo norte-americano.

Ajuda aos jovens

Apesar de todas as suas responsabilidades profissionais, o Dr. Jacobs me ajudou a reescrever a filosofia da realização americana. Mergulhou no trabalho com um entusiasmo que eu nunca testemunhara, pois viu nessa filosofia uma forma de atingir diretamente os jovens (e também os adultos) norte-americanos, e esse é um trabalho que precisa ser feito, e precisa ser feito o quanto antes se queremos que o estilo de vida americano dure até a próxima geração. Traçamos um plano para ensinar essa filosofia aos quinhentos mil rapazes e moças que se formam anualmente nas faculdades de administração; eles serão os líderes dos negócios e da indústria do amanhã. Também planejamos ensinar os que estão no ensino médio e que seguirão para a faculdade.

Esse é o tipo de serviço que devemos executar sem pensar no lucro comercial, pois percebemos que o imenso débito que esta geração está acumulando para as próximas é tão grande – um débito que envolve muito mais do que o dinheiro – que vai destruir o estilo de vida americano se as pessoas não deixarem a ganância e o egoísmo de lado e voltarem a seguir a regra da vida simples instituída pelo Nazareno no Sermão da Montanha, uma regra que sintetizamos e incorporamos no princípio do esforço extra.

Praticar é o melhor caminho

O Dr. Jacobs acredita que a melhor forma de ensinar qualquer regra é praticá-la. Foi por isso que mergulhou no trabalho de ajudar a disseminar a filosofia da realização americana, ainda que isso tome muito de seu tempo e energia. O Dr. Jacobs acredita que os jovens norte-americanos estão encarregados de quebrar os padrões desta geração que está acumulando obrigações para o futuro e demonstra sua crença com ações, não palavras.

Vivemos em um mundo doente, mas não há nada de tão errado que não possa ser curado de um dia para o outro se as pessoas pararem de tentar obter algo a troco de nada e fizerem um esforço extra no espírito recomendado pelo maior filósofo de todos. O desafortunado povo francês descobriu isso, mas não descobriu a tempo. Vamos nos beneficiar da falha deles, não tentando ganhar em cima dos outros, mas prestando atenção na advertência do filósofo, que disse: "Ajuda o barco do teu irmão a atravessar e o teu chegará à praia".

Greenville Piedmont, 5 de agosto de 1941.

PREPARE-SE PARA O SUCESSO!

SAÚDE, FELICIDADE E PROSPERIDADE PODEM SER SUAS – SE VOCÊ SOUBER O QUE QUER.

por Napoleon Hill e W. Clement Stone

Conheça a pessoa mais importante do mundo! Em algum ponto deste artigo, você vai conhecê-la – de repente, do nada e com um choque de reconhecimento que vai mudar toda a sua vida. Quando conhecê-la, você descobrirá seu segredo. Descobrirá que ela anda com um talismã invisível com as siglas AMP de um lado e AMN do outro.

O talismã invisível tem dois poderes fantásticos: o poder de atrair prosperidade, sucesso, felicidade e saúde e o poder de afastar essas coisas, de tirar de você tudo que faz a vida valer a pena. O primeiro poder, AMP, permite a algumas pessoas chegar ao topo e permanecer lá. O segundo poder, AMN, mantém todas as outras pessoas por baixo a vida toda e derruba algumas que chegam ao topo.

"Somos pobres – e a culpa não é de Deus"

Talvez a história de S. B. Fuller seja ilustrativa. S. B. Fuller era um dos sete filhos de um arrendatário rural na Louisiana. Quando tinha 9 anos, conduzia mulas. As famílias locais aceitavam a pobreza como seu destino.

O jovem Fuller foi abençoado em meio à pobreza: ele tinha uma mãe formidável. Ela conversava com o filho sobre seus sonhos. "Não deveríamos ser pobres", dizia a mulher. "E nunca quero ouvi-lo dizer que somos pobres porque Deus quis. Somos pobres – e a culpa não é de Deus. Somos pobres porque o pai nunca desenvolveu o desejo de ficar rico. Ninguém na nossa família nunca teve o desejo de ser outra coisa."

Ninguém desenvolveu um desejo de ser rico. Essa ideia ficou tão entranhada na mente de Fuller que mudou sua vida toda. Ele quis enriquecer. O jeito mais rápido de ganhar dinheiro, decidiu, era vendendo algo. Escolheu vender sabão. Por doze anos, vendeu sabão de porta em porta. Então ficou sabendo que a companhia de sabão seria leiloada. O lance era US$ 150 mil. Em doze anos, Fuller tinha economizado US$ 25 mil. Foi acordado que ele depositaria os

US$ 25 mil e teria que conseguir o restante em dez dias. Se não conseguisse, perderia o depósito.

Durante doze anos como vendedor de sabão, S. B. Fuller havia conquistado o respeito e a admiração de muitos empresários. Recorreu a eles. Conseguiu dinheiro também com amigos, empréstimos e grupos de investimento. Na véspera do décimo dia, havia levantado US$ 115 mil. Faltavam US$ 10 mil.

Em busca de uma luz

"Eu tinha esgotado todas as minhas fontes de crédito", recorda Fuller. "Era tarde da noite. Na escuridão do meu quarto, ajoelhei e rezei. Pedi a Deus que me guiasse a uma pessoa que me desse os US$ 10 mil a tempo. Disse a mim mesmo que dirigiria pela Rua 61 até avistar a primeira luz acesa em um comércio. Pedi a Deus que a luz acesa fosse um sinal."

Eram onze da noite quando S. B. Fuller dirigiu pela Rua 61 de Chicago. Por fim, depois de várias quadras, viu uma luz acesa no escritório de um empreiteiro. Entrou.

Sentado à mesa, cansado de trabalhar até tarde, estava um homem que Fuller conhecia de vista. Fuller percebeu que teria que ser ousado. "Quer ganhar mil dólares?", perguntou.

O empreiteiro foi pego de surpresa. "Sim", respondeu. "Claro que sim."

"Então faça um cheque de US$ 10 mil; quando eu devolver o dinheiro, darei mais mil de lucro", Fuller contou ter dito ao homem. Deu ao empreiteiro o nome de outras pessoas que haviam emprestado dinheiro e explicou o empreendimento em detalhes.

O segredo do sucesso de Fuller

Antes de ir embora naquela noite, S. B. Fuller tinha um cheque de US$ 10 mil no bolso. Hoje ele detém o controle acionário não só daquela firma como também de sete outras, incluindo quatro companhias de cosméticos, uma fábrica de meias, outra de rótulos e um jornal.

Quando pedimos recentemente que explorasse conosco o segredo de seu sucesso, ele respondeu com a frase de sua mãe tantos anos antes: "Somos pobres – e a culpa não é de Deus. Somos pobres porque o pai nunca desenvolveu o desejo de ficar rico. Ninguém na nossa família nunca teve o desejo de ser outra coisa". E acrescentou: "Veja, eu sempre soube o que eu queria, mas não sabia como conseguir. Então li a Bíblia e livros inspiradores. Rezei por conhecimento para atingir meus objetivos. Se você sabe o que quer, fica mais habilitado a reconhecer a coisa quando a enxerga".

S. B. Fuller carregava consigo o talismã invisível com as iniciais AMP de um lado e AMN do outro. Ele virou o lado AMP para cima e coisas incríveis passaram a acontecer. Ele se tornou capaz de realizar ideias que um dia foram meros sonhos.

Nos tempos e no país em que vivemos, você ainda tem o direito de dizer: "É isso que eu quero. Isso é o que mais quero conseguir". E a não ser que seu objetivo vá contra as leis de Deus ou da sociedade, você pode conseguir.

A decisão sobre o que você quer fazer é sua. Nem todo mundo gostaria de ser como S. B. Fuller, responsável por grandes instalações industriais. Nem todos estão prontos para pagar o alto preço de ser um grande artista. Mas quer o sucesso para você signifique enriquecer, quer signifique descobrir um novo elemento químico ou a criação de uma peça musical, ou cuidar de rosas, ou alimentar uma criança, o talismã invisível pode ajudar a chegar lá.

Toda adversidade traz a semente de um benefício

Veja a história de Clem Labine. Ele é famoso no mundo do beisebol como um arremessador que consegue lançar com um dos melhores efeitos do jogo: a curva *jug-handled*. Quando Clem era criança, quebrou o dedo indicador da mão direita. A fratura foi curada, mas a junta entre o primeiro e o segundo osso ficou torta permanentemente. Para Clem, parecia o fim do sonho de uma carreira no beisebol.

"Não se prenda tanto a essa certeza", seu treinador dizia. "Às vezes, coisas que parecem desastres mostram-se bênçãos disfarçadas. Dizem que toda adversidade traz consigo a semente de um benefício maior."

Clem guardou esse conselho no coração. Logo descobriu que tinha braço de arremessador e que o dedo torto poderia ser útil. A torção dava à bola um efeito que nenhum outro arremessador do time conseguia. Ele trabalhou ano após ano para desenvolver o efeito, até se tornar um dos melhores arremessadores atuais.

Como ele conseguiu isso? Por meio de uma habilidade natural, trabalho duro e – ainda mais importante – uma mudança de atitude mental. Clem Labine aprendeu a olhar o lado bom da sua situação ruim. Ele usou seu talismã invisível, virando o lado AMP para cima. Atraiu o sucesso com AMP.

Um homem de 25 anos ainda tem pela frente cem mil horas de trabalho caso se aposente aos 65. Quantas das suas horas de trabalho serão impulsionadas pela magnífica força da AMP? E quantas serão aniquiladas pelos golpes impressionantes da AMN?

Conheça a pessoa mais importante que existe

No dia em que você reconhecer AMP por si será o dia em que conhecerá a pessoa mais importante que existe! Quem é ela? Bom, a pessoa mais importante que existe é *você*, no que diz respeito a você e sua vida. Olhe para você. Não é verdade que você carrega um talismã invisível com a sigla AMP de um lado e a sigla AMN do outro? O talismã é a sua mente.

AMP é Atitude Mental Positiva. A Atitude Mental Positiva geralmente é constituída de características adicionais simbolizadas por palavras como fé, integridade, esperança, otimismo, coragem, iniciativa, generosidade, tolerância, tato, bondade e bom senso. AMN é a atitude mental negativa. Ela tem características opostas. São forças poderosas. Seu sucesso, saúde, felicidade e riqueza dependem de como você usa seu talismã invisível.

Pense nisso! Pense nas pessoas que vagam sem rumo pela vida, insatisfeitas, lutando contra uma variedade de coisas, mas sem um objetivo claro. Você consegue declarar agora o que quer da vida? Definir seus objetivos pode ser difícil. Pode envolver uma autoavaliação dolorosa. Mas valerá qualquer esforço que seja necessário porque, assim que você consegue nomear seu objetivo, pode aproveitar muitas vantagens. Essas vantagens chegam quase automaticamente.

1. A primeira grande vantagem é que seu subconsciente passa a trabalhar sob uma lei universal: "Tudo o que a mente humana pode conceber e tudo em que consegue acreditar, ela pode realizar". Como você enxerga aonde pretende chegar, seu subconsciente é afetado por esse vislumbre e ajuda a chegar lá.
2. Por saber o que quer, você tende a entrar nos trilhos e andar na direção certa. Você entra em ação.
3. O trabalho se torna divertido. Você está motivado a pagar o preço. Você organiza seu tempo e dinheiro. Estuda, pensa, planeja. Quanto mais pensa sobre seus objetivos, mais entusiasmado você fica. E com o entusiasmo, seu desejo se torna um desejo ardente.

4. Você fica alerta às oportunidades que vão ajudar a atingir seus objetivos quando estas se apresentam nas experiências do cotidiano. Por saber o que quer, você tem mais chance de reconhecer essas oportunidades.

Quando você tem uma Atitude Mental Positiva, os problemas do seu mundo tendem a se curvar a você. A recompensa é o sucesso, a saúde, a felicidade e a riqueza.

Chicago Sunday Tribune Magazine, 19 de julho de 1960, p. 37 e 39.

O HOMEM QUE AJUDOU MILHÕES A FAZER MILHÕES

por Ray Castle

Modéstia obviamente não é um dos dezessete princípios da Ciência do Sucesso que permitiu a Napoleon Hill acumular uma vasta fortuna. Isso porque o Dr. Hill admite que, além de fazer de si mesmo um milionário, ele ajudou outros milhões a ficar milionários também. Nada mal, não é?

Depois de uma conversa com o Dr. Nap, eu não estava muito adiantado no caminho da conquista do meu primeiro milhão. Não obstante, o Dr. Hill, norte-americano que afirma ter conquistado seu primeiro milhão de dólares antes dos 21 anos, está aqui para difundir sua filosofia do sucesso. Ontem à noite ele deu algumas dicas para os membros do Sydney Vizor Club, que, como sugere o nome, evoca os bons tempos do cavalheirismo.

Primeiramente, como ele recebeu o nome Napoleon?

Pais esperançosos

Pais esperançosos deram a Hill o nome de um tio multimilionário, acreditando que a homenagem poderia render alguma consideração no testamento. Mas a única coisa que ele herdou do tio foi o nome.

"Porém", disse Napoleon, na modesta declaração clássica destacada acima, "acho que cheguei mais longe do que meu tio. Não só por ter ganhado meu dinheiro sozinho, mas por ter ajudado milhões de outros a se tornar milionários também."

Como?

Bom, pelo que parece, em 1908, aos 19 anos de idade, quando escrevia para um jornal, Hill conheceu o rico industrialista Andrew Carnegie, que o incumbiu de escrever uma filosofia baseada em seus próprios princípios de sucesso para acumular lucros. Carnegie cobriu as despesas do jovem Hill pelos vinte anos seguintes, enquanto ele entrevistava pessoas como Henry Ford, Theodore Roosevelt, Elbert Hubbard, Luther Burbank, Woodrow Wilson, Frank Crane e cerca de quinhentos outros gigantes, para comprovar a filosofia por intermédio de suas experiências.

O empreendedor Nap, enquanto isso, aplicou esses princípios do sucesso e transformou a companhia de gás natural de seu irmão em um negócio milionário. E seus oito volumes de *The Law of Success* tiveram enorme êxito quando publicados, em 1928. Desde então, Hill publicou seis livros, sendo o mais famoso deles *Think and Grow Rich*. No caso de o título ser uma afronta para os tipos letárgicos, ele está preparando uma versão para os preguiçosos: *Durma e enriqueça*. Isso tudo pode soar engraçado, mas é a história de como Hill construiu uma corporação privada com rendimento bruto de 120 mil libras anuais.

O título de doutor provém de dois diplomas honorários conferidos a Hill nos Estados Unidos – em literatura e filosofia.

O segredo de Hill para se manter por cima: atividades intensas, nada de médicos e remédios, vida simples e alimentação simples. E nada de exageros.

Para finalizar, um toque modesto desse dínamo humano de 77 anos: "Eu poderia desafiar qualquer jovem a dar três voltas no quarteirão correndo. Eu chegaria calmíssimo, enquanto ele chegaria com a língua de fora".

Daily Telegraph, 22 de março de 1960.

COM A PALAVRA, O AUTOR, EX-CONSELHEIRO DE PRESIDENTES

por T. H. Helgeson

Aos 82 anos de idade, Napoleon Hill inclina-se à frente entusiasmado, olhando diretamente nos olhos, e fala sobre seu trabalho com a paixão de um homem de 25 anos. E, para Hill, apesar de chamar essa fase de "o entardecer dos meus dias", a vida ainda é um assunto pulsante e absorvente.

Autor de muitos livros, incluindo *Think and Grow Rich*, que conquistou milhões de leitores ao redor do mundo, conselheiro de dois presidentes dos Estados Unidos e confidente de alguns dos homens mais importantes do século, Hill construiu sua vida em torno de treze palavras: "Tudo o que a mente humana pode conceber, a mente humana pode realizar". Essa é a alma da filosofia de Napoleon Hill; filosofia, diz ele, que representa os frutos da experiência adquirida pelos líderes deste século.

Hill, ele mesmo uma história de sucesso, nasceu em uma cabana de um só cômodo no sudoeste da Virgínia e tinha 12 anos quando ganhou o primeiro par de sapatos. Muito jovem, trabalhando como repórter de jornal enquanto cursava direito na Universidade de Georgetown, em Washington, D.C., em 1908 Hill deu início a uma aventura única e envolvente que lhe traria fortuna e o colocaria em contato íntimo com mais de quinhentos dos homens mais influentes e produtivos do mundo. Ele foi encarregado de escrever uma série de histórias de sucesso para uma revista, e sua primeira incumbência foi entrevistar o magnata do aço Andrew Carnegie.

A entrevista com Carnegie

Uma entrevista de três horas com Andrew Carnegie prolongou-se por três dias e três noites. O magnata seduziu e eletrizou o jovem repórter com a ideia de organizar uma filosofia sobre os princípios do sucesso que ele havia aplicado para conquistar seus famosos milhões.

Ao final da entrevista esgotante, Carnegie perguntou a Hill se ele estaria disposto a dedicar vinte anos de sua vida a descobrir e definir as forças motivadoras e os fatores básicos que determinavam o sucesso pessoal. Hill levou 29 segundos para aceitar. Mais tarde, descobriu que Carnegie teria cancelado a proposta se ele tivesse demorado mais 31 segundos para decidir.

Ao longo dos anos, Hill conversou extensamente com homens como Carnegie, Thomas A. Edison, Henry Ford, James J. Hill, Theodore Roosevelt, William Jennings Bryan, John D. Rockefeller, F. W. Woolworth, Clarence Darrow, Woodrow Wilson, Luther Burbank, Alexander Graham Bell e uma miríade de outras personalidades dinâmicas que construíram o próprio sucesso. Durante uma entrevista no domingo, Hill disse que os princípios em comum entre essas figuras renomadas, os obrigatórios, eram a definição de objetivo e o MasterMind.

MasterMind, explica Hill no livro *Think and Grow Rich*, é a "coordenação harmoniosa do conhecimento e do esforço entre duas ou mais pessoas para que se atinja um objetivo definido". Basicamente, MasterMind é a simples utilização dos recursos humanos inerentes.

Hill ficou intrigado com Edison, o grande e incansável inventor. Ele contou que, durante a conversa, Edison mostrou os arquivos onde armazenava os registros das várias invenções fracassadas e abortadas, uma pilha que se elevava bastante acima de suas cabeças. Edison disse a ele: "Sabe, eu tinha que ter êxito porque esgotei as coisas que não funcionavam".

Hill foi conselheiro dos presidentes Woodrow Wilson e Franklin Delano Roosevelt e cunhou a frase "Não há nada a temer, a não ser o próprio medo", que se tornou o lema do governo Roosevelt. Foi por sugestão de Hill que FDR começou suas "conversas ao pé da lareira" durante a Segunda Guerra Mundial.

Passageiro

A vida de Hill, que ele diz ter sido "meteórica", também foi pontuada por coisas incomuns. Em 1909, quando ainda era um repórter novato, foi o primeiro "leigo" na história a voar, embarcando em um avião construído pelos irmãos Wright e pilotado por Orville Wright.

Hill conta que estava com um grupo de jornalistas enviados para cobrir um dos históricos voos dos Wright. Os irmãos estavam negociando a venda de um de seus aviões para a Marinha dos Estados Unidos. As condições do acordo pré-venda exigiam que o avião voasse para Washington, D.C., com um passageiro a bordo. Napoleon Hill foi escolhido como passageiro porque, segundo ele, era o mais leve do grupo. "Quando aterrissamos", relembra, "tive que levantar meus pés, que estavam para fora do avião, para que não arrastassem no chão durante o pouso."

Os irmãos Wright, afirma Hill, ficariam atônitos com o sucesso recente da aviação. "Eles só queriam uma máquina que fosse capaz de voar por um trecho curto e talvez carregar dois ou três passageiros."

Difusão da filosofia do sucesso

O atual interesse de Hill é disseminar os princípios de sua filosofia em presídios, e é lá, entre os "esquecidos e sem esperança", que ele acredita estar seu maior desafio. Ele chama esse trabalho de "sacerdócio".

"A vida em si", diz Hill, "é uma questão de equilibrar as vidas." E garante: "Qualquer um pode ser bem-sucedido". Ter sucesso "é ser capaz de obter da vida tudo o que você quiser sem infringir os direitos dos outros".

Nos últimos anos, Hill esteve muito envolvido com um projeto educacional sem fins lucrativos chamado Fundação Napoleon Hill. Por meio da fundação, ele e seus associados disseminam as ideias primordiais da filosofia "pense e enriqueça" de Hill.

A maior parte das obras de Hill é escrita em sua casa, no topo de uma montanha em Ferris Mountain, Carolina do Sul. Seu próximo livro, *Grow Rich With Peace of Mind*, será publicado no próximo outono.

Solicitado a descrever sua própria história de sucesso, Hill foi simples, mas definitivo: "Aprendi a tornar minha mente receptiva a ideias".

Dixon Evening Telegraph, segunda-feira, 2 de maio de 1966, p. 11.

PARTE 2

SÉRIE *CIÊNCIA DO SUCESSO*
MIAMI DAILY NEWS
JUNHO E JULHO DE 1956

por Napoleon Hill

"Gratidão é uma palavra linda. É linda porque descreve um estado mental de natureza profundamente espiritual. Realça a personalidade com magnetismo e é a chave mestra que abre a porta para os poderes mágicos e a beleza da Inteligência Infinita."

CORTESIA AJUDA A CONQUISTAR A LIDERANÇA

A cortesia talvez seja a característica mais singular que permite ao homem identificar-se como um ser civilizado. É o sinal cotidiano de sua humanidade.

Os animais não têm consideração por seus companheiros. Na verdade, o homem primitivo também não tinha. Um dos primeiros sinais da aurora da civilização foi o estabelecimento de padrões de conduta entre os homens.

Seguindo nessa linha, quanto mais desenvolvida a civilização, mais alto é o grau de cortesia, educação e consideração que seus membros demonstram uns pelos outros. Considere, por exemplo, as elaboradas demonstrações de cortesia trocadas em culturas tão antigas quanto a chinesa, a romana ou a japonesa.

Cortesia reflete a atitude de uma pessoa em relação a outra. Por meio dela, você consegue demonstrar sua submissão ao mandamento "amem-se uns aos outros". E com isso demonstra o respeito, a estima e o apreço que tem por aqueles com quem entra em contato. Ainda mais importante, demonstra respeito por si mesmo.

Os padrões não mudam

Boas maneiras é o ritual pelo qual a cortesia é expressada. Os padrões e hábitos – a reverência, a tirada de chapéu – variam de ano para ano e de país para país. Os padrões da cortesia em si, porém, não mudam. São constantes e infalíveis.

O que isso tudo tem a ver com você e seus sonhos de sucesso? Por meio da cortesia, você demonstra seu nível de civilização e cultura. Apenas as pessoas mais evoluídas, civilizadas e cultas têm o direito de se considerar aptas a liderar os outros.

Educação e cortesia – longe de serem um sinal de subserviência – demonstram que você tem consideração e interesse pelo valor e importância de cada pessoa que conhece.

Schwab, um exemplo

Uma vez perguntaram a Andrew Carnegie como Charles M. Schwab se tornou seu braço direito, com um salário enorme. "Em primeiro lugar", respondeu Carnegie, "não aconteceu do nada. Charlie fez acontecer por sua capacidade ilimitada de conquistar as pessoas por meio de sua cortesia e tato."

O tato e a cortesia estão tão ligados que faremos desse o próximo assunto a ser discutido na nossa série *Ciência do Sucesso*. Enquanto isso, comece hoje mesmo a fazer da cortesia a marca registrada do seu caráter. Isso vai lhe dar a imagem de uma pessoa destinada ao sucesso – e é certo que vai atingi-lo.

TATO AJUDA A ATINGIR OBJETIVOS

Tato é a arte de superar oposição. Com tato você consegue transformar obstáculos em degraus para o sucesso. Tato requer consideração, bom discernimento e a capacidade de chegar a decisões rápidas pelas próprias pernas, por assim dizer.

Com o auxílio do tato, você consegue dizer as coisas que as pessoas querem ouvir ou fazer as coisas que elas querem que sejam feitas. Note, entretanto, que isso não significa que você fala o que as pessoas querem que você fale e faz o que elas querem que você faça. Existe uma grande diferença.

Tato e sinceridade nos propósitos são gêmeos inseparáveis – quase siameses, já que dificilmente um pode ser encontrado separado do outro. Quase tudo na vida é questão de dar e receber. E você vai perceber que consegue fazer negócios melhores se desenvolver o poder do tato como uma forma de negociação eficiente pelos caminhos da vida.

Qualquer um pode se tornar uma pessoa de tato. É uma simples questão de freio e discrição, de colocar a razão e a lógica à frente da emoção, de tentar prever o impacto que as palavras e ações terão nos outros.

Fica mais fácil desenvolver o tato se você aprender a fazer as seguintes perguntas a si mesmo antes de falar em situações importantes: "Supondo que eu fosse a outra pessoa, como eu gostaria de ouvir o que estou prestes a falar? Que palavras eu gostaria de ouvir para suavizar a mensagem? Como posso tornar essa mensagem algo que ela queira ouvir?".

Em todas as situações, a variante mais forte será a outra pessoa. Você deve ter condições de julgar o caráter e a personalidade do outro com rapidez e exatidão antes de decidir um curso de palavras ou ação. Uma mesma situação envolvendo pessoas diferentes pode exigir soluções totalmente diferentes.

A AJUDA DE OUTROS NOMES

Para dar um exemplo, tato foi a única ferramenta que William Harper, finado presidente da Universidade de Chicago, usou para arrancar US$ 1 milhão – para a construção de um novo prédio no *campus* – de um homem especialmente refratário a pedidos de doação. Sabendo que um pedido brusco resultaria em uma rejeição rápida, Harper estudou o homem cuidadosamente. Descobriu que, além de muito dinheiro, o homem tinha uma longa lista de rivais nos negócios, que ele adoraria ofuscar.

"Gostaria de informar", Harper disse ao homem, "que tomei a liberdade de indicá-lo à honra de doar o novo prédio do *campus*. Os curadores escolherão o doador amanhã."

"O que o faz pensar que desejo a honra?", perguntou o homem.

"Tem razão", disse Harper, se preparando para ir embora. "Obrigado por me receber. De qualquer forma, temos quatro nominados." Harper revelou os quatro nomes, entre os quais estava um dos piores rivais do empresário. O homem ficou chocado.

"Você consegue marcar uma reunião para eu conversar com os curadores antes de eles votarem?", perguntou. Harper disse que conseguia.

O resultado foi que, no dia seguinte, o homem chegou com um cheque de US$ 1 milhão nas mãos, implorando pela chance de doar. Convencer os curadores não foi lá muito difícil.

Você também pode usar o tato para provocar nos outros um desejo ardente de ajudá-lo a alcançar seu objetivo.

OFEREÇA UMA MÃO AMIGA AOS MENOS AFORTUNADOS

Algumas pessoas acham impossível ganhar dinheiro – chegar ao sucesso – sem privar os outros disso. Nada poderia ser mais distante da verdade. As verdadeiras grandes fortunas são acumuladas por homens com visão e coragem para desenvolver um serviço ou produto melhor, o que por sua vez cria empregos, oportunidades de investimento, vendas e riqueza para grandes grupos de pessoas.

Entretanto, o sistema econômico norte-americano é baseado – muito acertadamente – na competição. Para ser bem-sucedido, você precisa aprender a se conduzir de modo adequado, sob condições competitivas, entre pessoas, companhias, produtos e serviços. Você precisa levar para essa arena os mesmos padrões de comportamento elevados que se aplicam no campo esportivo.

Ajude seus companheiros

Lembre-se, antes de tudo, que nenhum homem chega ao topo nos ombros de outro. Você se mantém de pé ou cai por seus próprios méritos e contribuições.

Elbert Hubbard escreveu: "Há tanto bem no pior de nós e tanto mal no melhor de nós que não convém nenhum de nós falar mal dos outros". Ele também disse: "Se for difamar alguém, não fale. Escreva – na areia, à beira d'água".

Espírito esportivo é uma qualidade positiva e não passiva. Em vez de apenas nos abstermos de chutar quem já está caído, devemos oferecer uma mão amiga para que se levante.

Sua atitude deve ser a mesma na vitória e na derrota. Um desistente nunca vence, e um vencedor nunca desiste.

Verdadeiro espírito esportivo

É nos piores momentos que o verdadeiro esportista demonstra coragem e espírito de luta. E na euforia da vitória ele demonstra o maior cuidado com aqueles que ficaram para trás na disputa.

A marca do verdadeiro líder não está tanto em sua coragem, força ou inteligência. Ela se mostra na preocupação pelos menos favorecidos pela natureza ou pelas circunstâncias.

Você pode demonstrar sua capacidade – e direito – de liderar exercitando uma dose extra de espírito esportivo necessário para tornar o trabalho dos outros mais fácil e a existência deles mais confortável. Lembre-se de que, quando facilita o caminho dos outros para o sucesso, você também tira obstáculos do seu.

AJUDAR COMPENSA

Art Linkletter, personalidade da televisão e do rádio, dá um bom exemplo. Paralelamente à movimentada carreira no entretenimento, Art tem um dedo em montes de pequenos negócios que ele ajudou outras pessoas a construir com seu investimento, tempo, esforço, aconselhamento – e encorajamento. Como resultado, ele tem participação em – e lucra com – vários produtos e serviços, como revelação de fotos, fabricação de câmeras para televisão, minas de chumbo, um clube de boliche e um rinque de patinação.

As pessoas que Art ajudou a se estabelecer nesses negócios sabem que ele é um verdadeiro líder. Você pode se tornar o mesmo tipo de líder com um espírito esportivo dinâmico.

Não ofereça apenas sua amizade aos outros. Ofereça uma mão amiga.

GRATIDÃO SINCERA PAGA DIVIDENDOS

Muitos homens e mulheres de sucesso afirmam ter chegado lá "por si sós". Mas o fato é que ninguém chega ao topo sem ajuda.

Tendo definido seu objetivo principal – e dado os primeiros passos para atingi-lo –, você se vê recebendo ajuda inesperada de vários lados. Você tem que estar preparado para agradecer pela ajuda humana e divina que recebe.

Gratidão é uma palavra linda. É linda porque descreve um estado mental de natureza profundamente espiritual. Realça a personalidade com magnetismo e é a chave mestra que abre a porta para os poderes mágicos e a beleza da Inteligência Infinita.

Gratidão, assim como outros traços da personalidade agradável, é uma simples questão de hábito. Mas também é um estado mental. A não ser que você realmente sinta a gratidão que expressa, suas palavras serão ocas e vazias – e soarão tão falsas quanto o sentimento que você oferece.

Agradeça diariamente

Gratidão e benevolência estão intimamente ligadas. Ao desenvolver o senso de gratidão de modo consciente, sua personalidade se tornará mais cortês, digna e benevolente.

Nunca passe um dia sem tirar alguns minutos para agradecer pelas bênçãos. Lembre-se de que gratidão é uma questão de comparação. Compare as circunstâncias e eventos com o que poderiam ter sido. Você vai perceber que, não importa o quanto as coisas estejam ruins, poderiam estar ainda piores – e ficará grato por não estarem.

Três expressões devem estar entre as que você mais usa diariamente. São elas "Obrigado", "Sou grato" e "Agradeço".

Seja criativo. Tente encontrar novas e singulares formas de expressar gratidão. Não necessariamente com bens materiais, até porque tempo e esforço são mais preciosos, e usá-los para demonstrar gratidão vale muito a pena.

Agradeça aos que estão próximos a você

Não se esqueça de agradecer àqueles que estão mais próximos de você – esposa ou marido, parentes e aqueles com quem convive diariamente e que possa eventualmente negligenciar. Você provavelmente deve mais a eles do que percebe.

A gratidão adquire um novo significado – uma nova vida e um novo poder – quando expressada em voz alta. Seus familiares provavelmente sabem que você é grato pela fé e esperança que eles depositam em você. Mas diga isso a eles! Muitas vezes você sentirá um novo espírito pairando em seu lar.

Torne sua gratidão criativa. Faça com que trabalhe para você.

Por exemplo, você já pensou em escrever um bilhete para o seu chefe dizendo o quanto gosta de seu trabalho e o quanto é grato pelas oportunidades que ele oferece? O impacto dessa gratidão criativa chamará a atenção de seu chefe – e pode até render um aumento para você. A gratidão é contagiosa. Seu chefe pode ser infectado e pensar em formas concretas de expressar gratidão pelos bons serviços que você presta.

Lembre-se de que sempre existe algo a que ser grato. Até o cliente potencial que despacha um vendedor deve ser agradecido pelo tempo que dedicou a ouvir. Ele ficará mais propenso a comprar da próxima vez.

Gratidão não custa nada, mas é um grande investimento em longo prazo.

AJUDAR OS OUTROS TAMBÉM AJUDA VOCÊ

Todos nós conhecemos pessoas bem-sucedidas que afirmam ter chegado lá "por si sós". Na verdade, não existe essa coisa de se fazer completamente por si só. As pessoas que fazem tais afirmações apenas provam que é possível aos ingratos ganhar dinheiro.

Todos que chegaram ao topo receberam empurrões importantes ao longo do caminho. A lei simples do jogo limpo exige que respondam ajudando os outros.

O momento decisivo da minha carreira, por exemplo, aconteceu quando Andrew Carnegie me aconselhou a organizar a Ciência do Sucesso como uma filosofia definitiva do conhecimento – e me ofereceu apoio e suporte ativos para fazer isso. Espero que, ao transmitir o que aprendi durante uma vida inteira de pesquisas, eu esteja pagando a dívida que contraí quando Carnegie me ofereceu seu auxílio muitas décadas atrás.

Você pode impulsionar sua própria carreira ajudando outros a atingir seus objetivos. Não existe verdade maior do que a do fantástico epigrama: "Ajuda o barco do teu irmão a atravessar, e teu barco chegará à praia".

Ninguém é mais rico do que o homem que dedica tempo e energia a ajudar o próximo. Note que não mencionei dinheiro. Também é válido ajudar os outros dessa forma se você tiver como bancar. Mas tempo e esforço são ainda mais preciosos. E a recompensa em satisfação e autocontentamento é equivalente ao investimento.

Uma rica experiência

Uma das mais ricas experiências de que você desfrutará um dia é poder apontar para alguém no auge do sucesso e dizer: "Eu o ajudei a chegar lá". Seus esforços em nome de alguém menos afortunado não apenas ajudam essa pessoa, mas também acrescentam algo de valor inestimável à sua própria alma – quer o outro reconheça ou não a sua ajuda e seja grato ou não.

É estranho que a natureza humana busque batalhas, em nosso próprio nome ou em nome de outros. Lembro-me de uma ocasião, quando eu era consideravelmente mais jovem, em que fiquei livre de dívidas. Todas as minhas obrigações estavam quitadas. Fiquei contente – ou pensei ter ficado.

Com o passar dos meses, instalou-se uma inquietação. Demorei para perceber o que estava acontecendo. Eu sentia falta da diversão da luta.

Isso não significava, porém, que eu precisasse abandonar minha fortuna e recomeçar do zero. Descobri que poderia obter a mesma diversão ajudando os outros a travar suas batalhas, assumindo algumas de suas responsabilidades e com isso facilitando o caminho deles para o sucesso.

Pode mudar o mundo

Pense em como o mundo mudaria se cada um de nós "adotasse" alguém para ajudar nessa vida! Em contrapartida, todos nós seríamos adotados e receberíamos ajuda.

Em uma pequena escala, isso já está acontecendo. Mas o sistema, se assim posso chamar, precisa ser melhorado e expandido como parte do progresso e da civilização humanos.

Nos primórdios dos tempos, o homem descobriu a resposta para a pergunta: "Sou eu responsável pelo meu irmão?". A resposta é mais válida do que nunca hoje em dia.

ADICIONE MAGNETISMO À SUA PERSONALIDADE

Sem dúvida você já conheceu pessoas que o atraíram de modo irresistível no primeiro contato – pessoas que você imediatamente aceitou como amigas e nas quais confia muito mais do que nos conhecidos comuns.

Todos nós temos magnetismo pessoal – alguns mais do que outros, mas todos temos em algum grau. O magnetismo pessoal parece ser uma condição biológica que determina a quantidade de sensações emocionais – como entusiasmo, amor e alegria – que somos capazes de gerar e aplicar em nossas palavras e ações.

Não temos como aumentar a qualidade ou quantidade dessa condição, mas podemos organizá-la e direcioná-la para ajudar a atingir qualquer alvo desejado. E aqueles que aprendem a fazer isso muitas vezes se tornam os líderes, os construtores, os responsáveis e os pioneiros que ajudam nossa civilização a progredir.

Muitas vezes – mas nem sempre. Pois com frequência pessoas que nada valem têm esse grande poder de influenciar os outros. Portanto, cabe a nós tomar cuidado quando lidamos com tais pessoas até termos certeza de suas intenções e motivos.

De qualquer forma, o importante é que você pode botar seu magnetismo pessoal para funcionar a fim de atingir o sucesso. Com magnetismo, você pode conseguir a cooperação dos outros para atingir seus objetivos principais.

Entusiasmo potente

O magnetismo pessoal é revelado basicamente pela voz, pelo olhar e pelas mãos – em resumo, as principais formas de comunicação de nossas ideias e pensamentos para os outros. Mas a sua atitude e postura também desempenham um papel nisso.

As palavras usadas podem ser bastante inexpressivas, mas o tom de voz, o poder da eloquência e o entusiasmo aplicados a elas podem ser muito mais poderosos do que a lógica e a retórica oferecidas. Por isso, uma pessoa com alto magnetismo pessoal pode nem precisar falar nada para atrair as pessoas.

Um exemplo notável é o reverendo Billy Graham. Ele é implacável em atrair almas para o Criador por meio de um olhar expressivo ou uma frase com voz melodiosa. Franklin Delano Roosevelt tinha o mesmo poder sobre os outros. Devo mencionar, porém, que Hitler, Mussolini e vários outros líderes repugnantes da história também tinham magnetismo.

Se tentar usar esse poder de modo consciente, você pode fazê-lo funcionar a seu favor. Aprenda a usar seus olhos, mãos e voz para transmitir autoconfiança, força espiritual e autoridade.

Faça um esforço consciente para olhar mais diretamente nos olhos dos outros, para apertar as mãos com firmeza e cordialidade, para falar em tom de voz agradável e franco, no volume e timbre certos para prender a atenção de seus ouvintes.

Ative seu magnetismo pessoal e veja o que ele pode fazer por você!

A PERSPECTIVA ESPIRITUAL DA CHAVE PARA O SUCESSO

Apenas o diabo recusa o perdão. O Criador oferece perdão a todos, vivos ou mortos. Você tem coragem de fazer menos do que isso?

A palavra de Deus nos incita repetidamente a perdoar, a dar a outra face, a amar uns aos outros. A vingança pertence ao Senhor, e ele retribuirá.

Suas chances de sucesso material na vida dependem muito de sua perspectiva espiritual. Quanto mais positivo o seu pensamento, maiores as chances de sucesso. Tempo e pensamento dedicados à vingança são desperdiçados.

Existe uma regra de negócios de não jogar dinheiro bom em cima de dinheiro mal-empregado. Esforço e energia gastos na tentativa de "ficar quites" vão pelo ralo da mesma forma. É muito melhor nos dedicarmos de forma construtiva a novos projetos e objetivos do que esgotar nosso espírito remoendo causas perdidas!

Lei da compensação

Perdão não é o mero consentimento com o comportamento alheio. É mais positivo e ativo. Ao perdoar, assumimos parte do remorso que nossos ofensores deveriam sentir.

Cada vez que perdoa alguém, você amplia o espaço que sua alma ocupa, porque esse espaço é preenchido pelo ato de generosidade que você executa. A lei universal da compensação se aplica aqui mais do que em qualquer outra situação, já que até em nossas preces ousamos pedir perdão divino apenas na medida do perdão que concedemos aos nossos semelhantes.

O perdão é um remédio espiritual que funciona como uma via de mão dupla, curando a ferida psicológica de quem foi ofendido e também aliviando o peso da culpa de quem ofendeu. O perdão é o principal princípio do cristianismo, ordenado no Sermão da Montanha – "bem-aventurados os misericordiosos" e "não julguem para que vocês não sejam julgados. Pois da mesma forma que julgarem, vocês serão julgados, e a medida que usarem também será usada para medir vocês".

Regra de Ouro, a melhor

As injunções bíblicas são plenamente aplicáveis à nossa vida material assim como à espiritual. A melhor regra dos negócios é a Regra de Ouro.

A maior parte das ofensas é baseada puramente em mal-entendidos. Poucas pessoas são ofensivas com as outras de modo consciente. Na maior parte das vezes, nos atemos mais aos nossos direitos do que aos nossos deveres. Todo revés na mão de outro pode ser transformado em lucro. Deixe-me dar um exemplo. Sou testemunha desta história – já que fui o palestrante.

Um palestrante foi boicotado por um líder local em uma pequena cidade do Missouri porque o líder não gostava do patrocinador do palestrante. Quando o palestrante ficou sabendo, "retaliou" usando seu cachê de milhares de dólares pela palestra para comprar um horário no rádio a fim de que todos pudessem ouvi-lo de graça. A forma singular de "dar o troco" impressionou tanto o oponente que este deu seu aval ao palestrante com prazer.

O resultado foi um espírito construtivo completamente novo por toda a cidade. Antigas antipatias foram destruídas. A ideia de cooperação e ajuda se espalhou. Todo o caráter da cidade mudou. Novos projetos apareceram. Os negócios floresceram, e a comunidade desfrutou de prosperidade nunca antes vista.

TODOS GANHAM COM A COMPETIÇÃO

A competição saudável é a mola mestra dos negócios no nosso país. Inspira todos a dar o máximo no trabalho cotidiano. Tal é a natureza humana que, sem competição, homens e mulheres tendem a atingir um nível mórbido de mediocridade.

Talvez eu consiga ilustrar melhor meu ponto com uma parábola que, por sinal, é verídica. Norton, na Virgínia, era um vilarejo absolutamente parado na virada do século. Os donos das lojas – que mal podiam ser chamados de comerciantes – passavam a maior parte do tempo em volta de fogões a lenha proseando com os desocupados do vilarejo. As vitrines tinham mais poeira e teias de aranha do que produtos, e os clientes muitas vezes ficavam esperando sozinhos porque os proprietários estavam muito ocupados jogando damas.

Até que um dia um pequeno mascate chamado Ike Kauffman apareceu com um saco de produtos nas costas quase mais pesado do que ele. Durante meses Ike andou para cima e para baixo pelos rios Guest e Powell com seus artigos, familiarizando-se com todo mundo da região montanhesa.

Ike acorda o pessoal

Os comerciantes locais não levaram Ike a sério. Eles o chamavam de "homenzinho das bugigangas" – até o dia em que os carpinteiros começaram a trabalhar na construção de uma loja com duas vezes a altura e três vezes o tamanho da maior loja da cidade.

Carregamentos de produtos começaram a chegar – e lá estava Ike Kauffman organizando a mais fina variedade de artigos que o povo de Wise County já tinha visto. Quando a loja abriu, multidões de clientes apareceram durante o dia para visitar. Norton nunca tinha visto algo assim.

Acontece que, enquanto vendia suas mercadorias pela região, Ike também fazia amigos. E, uma semana antes da abertura da loja, enviou convites para todos conhecerem o "maior e mais novo empório de Norton".

Então todos se mexem

Os comerciantes locais ficaram de olhos esbugalhados diante da vitrine atraente, limpa e bonita. E então se mexeram, limparam suas lojas e começaram a arrumar as vitrines. Alguns construíram novas lojas e as abasteceram com novas linhas de produto. Como resultado, Norton desfrutou de uma enorme expansão do mercado, tendo a concorrência como força motriz.

A história não acaba aqui. Em uma fria noite de inverno, toda a zona comercial, inclusive a loja nova de Ike, pegou fogo. Pouco tempo antes, teria sido a morte do vilarejo. Mas o espírito de concorrência era tão forte que os empresários se apressaram em construir novas estruturas mais modernas. O vilarejo cresceu tão rápido que logo se tornou uma "vila" e prosperou até ser a cidade que é agora.

Ike Kauffman morreu, foi enterrado e esquecido por todos, exceto por alguns velhinhos que o viram transformar uma aldeia modorrenta em uma cidade moderna. Mas ele não deveria ser esquecido! Norton deveria erguer um monumento para "Ike Kauffman, o homem que nos ensinou a importância da concorrência limpa".

Você também pode tirar proveito disso se aprender a aceitar a concorrência como uma bênção, e não como uma maldição. Lembre-se de que é apenas ao compará-lo com os concorrentes que as pessoas que pagam por seus serviços – seu empregador ou seus clientes – podem medir o valor do seu desempenho e a sua qualificação.

AUTOANÁLISE AJUDA NA SUBIDA

Autoanálise crítica frequente é necessária para garantir que você se mantenha fiel aos princípios que podem levar ao auge do sucesso. Pode ser que fazer uma lista ajude a identificar os pontos fracos que estão atrapalhando.

Tente se comparar a uma pessoa imaginária a caminho do sucesso – vamos chamar essa pessoa de Joe Smith – e veja como você se sai. Joe tem um objetivo de vida definido e traçou um plano para atingi-lo em determinado espaço de tempo. Em resumo, ele deu o primeiro e mais importante passo para o sucesso. E você? Deu?

Cada vez que Joe se depara com um empecilho, em vez de desanimar, procura pelo benefício equivalente que todo mundo sempre pode encontrar para virar a situação a seu favor. Joe vive todos os dias com o ânimo e o entusiasmo que fazem do trabalho uma diversão. Ele evita se queixar – ficar discutindo seus problemas com os outros – porque sabe que o sucesso é criado pelo próprio sucesso.

Esforço extra

Joe faz um esforço extra constante, prestando mais e melhor serviço do que o esperado. Além disso, ele sabe que o sucesso pode ser obtido com mais facilidade em grupo do que sozinho. Ele se empenha com afinco na busca de alianças colaborativas nas quais a livre troca de ideias, talentos e energias tenha mais probabilidade de resultar nos objetivos desejados.

Joe se veste de maneira adequada. Organiza seus rendimentos e reserva uma parte para a poupança. Cuida da saúde, vivendo com moderação.

Acima de tudo, Joe mantém uma atitude mental positiva perpétua. A palavra "impossível" não faz parte de seu vocabulário.

Crença no primeiro princípio

Joe está convencido da verdade do primeiro princípio da Ciência do Sucesso: "Tudo que a mente humana pode conceber, a mente pode realizar". Joe se certifica de que todos os envolvidos em uma transação se beneficiem dela – não há vencedores ou perdedores.

Joe é leal. Evita rebaixar os outros porque comentários desse tipo são tão negativos para ele quanto para o alvo. Em vez disso, Joe se empenha em fazer elogios e louvores – sem bajulação – quando merecidos.

Os superiores e subordinados também admiram Joe Smith por tomar decisões rápidas e se responsabilizar por elas. Ele nunca empurra a responsabilidade nem para cima nem para baixo.

Todos são irmãos

Joe é um cara bom de se ter por perto. Tem senso de humor, consideração pelos outros e é gentil com todo mundo. Nunca utiliza linguajar censurável. Enxerga a todos como seus irmãos.

Joe tenta melhorar constantemente. Ele sabe que bons livros, boas peças de teatro e boa arte podem ser apreciados com um pequeno gasto em livrarias, teatros e museus. O mais importante é que ele faz uso constante dessas coisas.

Joe é confiável e rápido. Sua palavra é sua garantia. Ele tem bom crédito porque sabe que débito excessivo é um peso que o puxaria para baixo durante a subida pela escada do sucesso.

Como você é em comparação a Joe?

APERTOS DE MÃO PODEM AJUDAR

Sua voz, seus olhos e suas mãos mostram aos outros o tipo de pessoa que você é. Seu aperto de mão pode convencer novos conhecidos de que você é alguém que vale a pena conhecer melhor.

Todo empresário de sucesso sabe o valor de um aperto de mãos apropriado. Com o gesto, ele transmite cordialidade, simpatia, entusiasmo e confiança. Você deve aprender a usar seu aperto de mão como um auxílio para causar boa impressão.

Nosso ritual de apertar as mãos ao sermos apresentados uns aos outros tem uma sólida base psicológica, social e espiritual. Com o gesto, exprimimos nossa afinidade com os demais humanos, nossa disposição a aceitá-los como iguais, nosso respeito e afeição por todos os homens.

O clímax do ritual

Assim como qualquer outra forma de comunicação, o aperto de mãos deve ser praticado e usado com frequência para ser efetivo. Algumas pessoas têm um aperto de mão "natural", mas todas podem aprimorá-lo pela prática. Na verdade, o toque das mãos é o clímax – o ponto alto – do ritual de se cumprimentar alguém.

Aprenda a colocar um sorriso amigável nos olhos e também nos lábios ao ser apresentado para alguém – e as palavras se tornarão desnecessárias para dizer ao outro o quando você está feliz por conhecê-lo. Aperte a mão da pessoa com firmeza – mas não de modo vigoroso ou enérgico. E evite de todas as formas sacudir as mãos, isso transforma um gesto de simpatia em caricatura.

A lição de Roosevelt

O presidente Theodore Roosevelt aprendeu uma lição em sua primeira recepção de Ano-Novo na Casa Branca. Sua mão foi esmagada de tal maneira pelos sacudidores eufóricos de mãos que teve de mantê-la em repouso por uma semana! No Ano-Novo seguinte, ele usou um truque para reduzir o estrago. Toda vez que estendia a mão, Roosevelt dobrava dois dedos junto à palma, então só sobrava o primeiro e o segundo dedo para estragarem!

Certa vez um jovem advogado que tentava a absolvição de um cliente foi apresentado a Woodrow Wilson pelo senador J. Hamilton Lewis, de Illinois. O advogado, ansioso para agradar, apertou a mão de Wilson com tanta força que o presidente perdeu a calma, soltou a mão com um puxão e disse: "Você pode melhorar isso!". O jovem não conseguiu a absolvição desejada.

Aperto de mãos como marca registrada

Você pode fazer do seu aperto de mão uma marca registrada – assim como Franklin D. Roosevelt fez com seu truque de segurar a mão da outra pessoa entre suas duas mãos ou Harry Truman com o maneirismo de cruzar os braços para apertar as mãos de duas pessoas ao mesmo tempo.

Eleanor Roosevelt escreveu: "Deixe-me apertar as mãos de uma pessoa e ver a expressão em seu rosto – e então posso dizer muito sobre o caráter dela".

O aperto de mão pode parecer um detalhe irrelevante. Mas com ele um dia você pode agarrar a mão que o puxará para o ápice do sucesso.

SUPERE O MEDO PARA ATINGIR A META

O medo é o maior obstáculo para o sucesso. Com excessiva frequência, as pessoas deixam o medo dominar suas decisões e ações. Tudo o que anseiam é algum tipo de proteção, sintetizada no vasto clichê da "segurança".

A pessoa verdadeiramente bem-sucedida não pensa dessa forma. Seu raciocínio é baseado na criatividade e na produtividade. Como disse o presidente Eisenhower: "Dá para se obter muita segurança dentro de uma cela na prisão, se isso é tudo que se quer da vida".

A pessoa de sucesso está disposta a correr riscos quando a lógica mostra que são necessários para atingir o objetivo desejado.

Sofrer de medo

Todos nós sofremos de medo. O que é isso? O medo é uma emoção que visa a proteger nossa vida, alertando para o perigo. Assim, o medo pode ser uma bênção quando acende o alerta que nos faz parar e estudar uma situação antes de tomar uma decisão ou agir.

Devemos controlar nosso medo em vez de permitir que ele nos controle. Uma vez que o medo tenha cumprido o papel emocional de sinal de alerta, não podemos permitir que entre no raciocínio lógico com o qual decidimos o curso de ação. As famosas palavras de Franklin Delano Roosevelt – "Não há nada a temer, a não ser o próprio medo" – são tão cabíveis agora e em qualquer momento quanto na época em que ele as proferiu, durante a Depressão.

A estrada da razão

Como você pode superar seus medos? Antes de tudo, encarando de frente – dizendo de modo consciente: "Estou com medo". E então se perguntando: "Do quê?".

Com essa pergunta você começa a analisar a situação que tem diante de si. Você está na estrada da razão para contornar o obstáculo emocional do medo.

O próximo passo é considerar o problema em todas as suas facetas. Quais são os riscos? A recompensa esperada vale a pena? Quais são os outros cursos de ação possíveis? Que outros problemas inesperados podem surgir? Você tem em mãos todos os dados, estatísticas e fatos? O que outras pessoas fizeram em situações parecidas e quais foram os resultados?

Quando terminar de analisar, aja – imediatamente! Procrastinação só leva a mais dúvida e mais medo.

A importância do primeiro passo

Um renomado psicólogo uma vez disse que uma mulher sozinha à noite, ao imaginar que está ouvindo algum barulho, pode acalmar seu medo rapidamente. Tudo que precisa fazer é colocar um pé no chão. Fazendo isso, ela dá o primeiro passo em um curso de ação positivo para superar o medo. A pessoa que busca o sucesso deve se forçar da mesma forma para controlar o medo, dando o primeiro passo rumo ao objetivo.

E lembre-se de que ninguém anda sozinho na estrada da vida. Uma das mais reconfortantes – e verdadeiras – certezas que temos está na Bíblia: "Não tema, pois estou com você". Manter a fé nessas palavras dará força suficiente para encarar qualquer situação.

MENTES ABERTAS DOMINAM O MEDO

Uma das melhores formas de superar o medo – o maior obstáculo para o sucesso – é perguntar sem rodeios para si mesmo: "De que estou com medo?". Muitas vezes descobrimos que estamos com medo de meras sombras.

Vamos examinar algumas das preocupações mais comuns e entender como esse sistema funciona.

DOENÇA – O corpo humano é equipado com um engenhoso sistema automático de manutenção e reparo. Por que então se preocupar tanto com a possibilidade de que possa estragar? É melhor se maravilhar com o quão bem funciona, não obstante o tanto que exigimos dele.

ENVELHECIMENTO – A melhor idade é algo que devemos ansiar, e não temer. Trocamos a juventude pela sabedoria. Lembre-se: nada é tirado de nós sem que nos seja disponibilizado em troca um benefício igual ou superior.

FRACASSO – O fracasso momentâneo é uma bênção disfarçada, carregando consigo a semente de um benefício equivalente se nos empenharmos em entender sua causa e usarmos nosso conhecimento para melhorar nossos esforços na próxima tentativa.

MORTE – Reconheça que essa é uma parte necessária do plano do universo, provida pelo Criador como uma passagem para o plano superior da eternidade.

CRÍTICAS – No fim das contas, você deveria ser seu crítico mais duro. O que então você pode temer nas críticas dos outros? E críticas devem incluir sugestões construtivas que ajudem a melhorar.

O relâmpago já foi temido

O medo resulta principalmente da ignorância. O homem teve medo dos relâmpagos até Franklin, Edison e alguns outros indivíduos importantes que ousaram controlar suas próprias mentes provarem que os raios são uma forma de energia física que poderia ser aplicada em benefício da humanidade.

Podemos dominar o medo com facilidade se abrirmos nossa mente à orientação da inteligência divina por meio da fé. Olhando em volta, na natureza, descobrimos um plano universal sábio e benevolente que provê todas as criaturas de alimento e demais necessidades básicas da existência. Quais as chances então de o homem – escolhido como o senhor de todas as outras espécies da Terra – ser negligenciado?

A dor faz parte do plano

Mesmo a dor física, que muitos temem sem motivo, tem um papel no plano, já que é a linguagem universal pela qual as pessoas com menos conhecimento sabem que estão ameaçadas por algum ferimento ou doença.

À luz disso, que direito temos de nos dirigir ao Criador com preces por questões banais que podemos e devemos resolver sozinhos? Como ousamos, se essas preces não são ouvidas, perder a pouca fé que talvez tivéssemos?

O maior pecador talvez seja aquele que perde a fé no Criador onisciente que proveu seus filhos com mais bênçãos que qualquer pai poderia dar a seus descendentes.

SUA MENTE TEM PODERES OCULTOS

Presos dentro da mente humana, existem poderes além da compreensão. A imaginação é a chave que pode libertá-los para que trabalhem para o indivíduo e para a humanidade. Poucos entre muitos milhões de homens ao longo dos tempos reconheceram esse fato e usaram-no a favor de seu destino.

A imaginação é o portal que nos aproxima da Inteligência Infinita do Criador. Esse portal é aberto pelo estado mental que chamamos de fé. É nesse estado mental que a esperança e o propósito se traduzem em realidade física. É fato que todo pensamento tende a se transformar em seu equivalente físico.

A fé abastece a imaginação com a estimulante capacidade do desejo e do entusiasmo, que possibilitam que os planos e propósitos de uma pessoa sejam colocados em prática. Por meio da fé em si mesmo, qualquer indivíduo pode atingir o objetivo que desejar.

Fé em si mesmo

Perguntaram uma vez a Henry Ford que tipo de homem ele mais precisava em sua empresa. "Eu poderia aproveitar cem homens que não saibam que a palavra 'impossível' existe", ele respondeu.

Dizem que o sucesso estupendo dos negócios de Ford é resultado de dois traços pessoais: (1) ele definiu um objetivo principal de vida e (2) não reconheceu nenhuma limitação para atingi-lo.

A imaginação é a oficina da alma, pela qual todos os homens podem moldar seu destino na Terra. A verdade é que tudo que a mente humana pode conceber, a mente pode realizar.

Enquanto trabalhava como atendente de uma mercearia, Clarence Saunders teve a ideia de uma mercearia *self-service*. Ele estava certo de que o plano daria certo e propôs uma parceria com seu chefe. Este, desprovido da imaginação de Saunders, demitiu-o na mesma hora por "perder tempo com ideias tolas". Quatro anos depois, Saunders abriu suas famosas lojas Piggly Wiggly, que renderam a ele mais de US$ 4 milhões.

Sua imaginação

Andrew Carnegie, o primeiro a me incentivar a desenvolver a Ciência do Sucesso, sempre dizia: "Você consegue fazer, se acreditar que consegue". Mas também é preciso força de vontade. Às vezes, em uma quantidade que equivale a pura teimosia.

Clarence Saunders poderia ter ficado tentado a desistir da ideia de uma mercearia *self-service* se sua força de vontade não o tivesse incentivado a ir em frente – mesmo à custa do emprego.

Se você der uma chance, sua imaginação vai ajudá-lo a atingir o sucesso. Mas, uma vez que ela tenha cumprido seu papel, você pode aplicar sozinho sua fé e força de vontade para realizar seus sonhos.

Não cometa o erro de roer a casca do medo e jogar fora a rica polpa da abundância e da fartura. Pergunte-se agora: "Do que estou com medo?". A resposta provavelmente será: "De nada".

ENCONTRE A FELICIDADE AJUDANDO O PRÓXIMO

O homem mais rico do mundo mora no Vale da Felicidade. Ele é rico em valores sólidos, em coisas que não pode perder – coisas que proporcionam satisfação, saúde, paz mental e harmonia na alma. Aqui está um inventário de suas riquezas e de como as adquiriu:

Encontrei a felicidade ajudando os outros a encontrá-la.

Encontrei a saúde vivendo com moderação e comendo apenas o que meu corpo pede para se manter.

Sou livre de todas as causas e efeitos do medo e da preocupação.

Não odeio ninguém, não invejo ninguém, amo e respeito toda a humanidade.

Dedico-me a um trabalho de amor ao qual combino uma dose generosa de diversão; portanto, nunca me canso.

Rezo todos os dias, não por mais riquezas, mas por mais sabedoria para reconhecer, acolher e aproveitar a grande quantidade de riquezas que já tenho.

Não menciono nenhum nome, exceto para honrá-lo, e não difamo ninguém por qualquer motivo que seja.

Não peço nada a ninguém, a não ser o privilégio de dividir minhas bênçãos com todos que as desejarem.

Estou com a consciência tranquila, desse modo ela me guia bem em tudo que faço.

Não tenho inimigos porque não prejudico ninguém. Em vez disso, tento ajudar a todos com que entro em contato.

Tenho mais riqueza material do que preciso porque estou livre da ganância e cobiço apenas as coisas que posso usar de forma construtiva em minha vida. Minha riqueza provém daqueles que ajudei compartilhando minhas bênçãos.

Minha propriedade no Vale da Felicidade não pode ser taxada. Ela existe basicamente em minha mente, constituindo-se de riquezas intangíveis que não podem ser tributadas nem adquiridas a não ser pelos que adotam meu estilo de vida. Criei essa propriedade ao longo de uma vida de esforços, observando as leis da natureza e moldando os meus hábitos de acordo com essas leis.

Não existem direitos autorais sobre o credo do sucesso do Homem do Vale da Felicidade. Se você adotar esse credo e viver de acordo, pode fazer a vida recompensá-lo nos termos que desejar.

Esse credo pode atrair novos amigos mais desejáveis e desarmar os inimigos. Pode ajudá-lo a ocupar um espaço maior no mundo e a obter mais alegria da vida.

Possibilidade de prosperidade

O credo do sucesso do Homem do Vale da Felicidade pode trazer prosperidade no trabalho e tornar sua casa um paraíso de satisfação para todos os membros da família. Pode acrescentar anos de vida e libertar do medo e da ansiedade. Pode colocá-lo sob o "holofote do sucesso" e mantê-lo lá.

Mas, acima de tudo, o credo do sucesso do Homem do Vale da Felicidade pode trazer sabedoria para resolver todos os problemas pessoais – antes que surjam – e proporcionar paz e alegria.

QUANDO O SILÊNCIO ESTUDADO SUPERA A FALA

Todos concordam que a habilidade de falar de maneira franca pode ajudar uma pessoa a ter sucesso. Homens como Billy Graham, Franklin Roosevelt e Winston Churchill foram impulsionados pela capacidade de envolver grandes massas com a oratória.

Mas existe um momento em que o silêncio estudado é igualmente importante. O segredo é ser um bom ouvinte. Em nenhum lugar essa verdade é mais forte do que no ramo de vendas. Um dos melhores vendedores de apólices de seguro do país nunca se propõe a realizar uma apresentação antes de fazer o comprador potencial responder algumas perguntas:

1. Se você morresse hoje, teria acumulado dinheiro suficiente para manter sua família da forma que deseja?
2. Seus bens são do tipo que sua família não poderia perder para pessoas desonestas?
3. Qual o valor do seguro que você tem?
4. Quantos filhos você tem e quais as idades deles?

Mediante o manejo diplomático das respostas para as quatro perguntas, esse vendedor experiente sabe quando assumir o comando e começar a falar. E o mais importante: sabe exatamente o que dizer para realizar a venda.

Todos os mestres em vendas usam esse método de perguntas para se munir de elementos eficazes para refutar as argumentações dos clientes potenciais. Como resultado, o comprador potencial geralmente se coloca em uma posição indefensável, em que sua resistência está fadada a fracassar. Às vezes, o próprio cliente se convence de fazer a compra.

Perguntas certeiras

Uma vendedora de muito sucesso construiu uma lucrativa organização "qualificando" pessoas por telefone como clientes potenciais de imóveis, ações e títulos, seguros e uma ampla variedade de outros serviços e produtos. A vendedora começa com perguntas que em geral só podem ser respondidas do jeito que ela gostaria que fossem.

Por exemplo, ao vender ações e títulos, ela começa assim: "Senhor Empresário, você estaria interessado em descobrir como ganhar dinheiro sem ter que trabalhar?". Visto que qualquer pessoa gostaria disso, a resposta normalmente é "sim". A próxima pergunta é: "Que quantia você gostaria de ganhar sem ter que trabalhar?". Dada a resposta, o cliente potencial é informado de que um vendedor irá vê-lo para explicar como o dinheiro pode ser obtido.

Essa mulher esperta já selecionou até mesmo vendedores como clientes potenciais para alguns produtos, telefonando para as esposas e perguntando: "Senhora Dona de Casa, você estaria interessada em descobrir como seu marido pode aumentar a renda para ter uma casa melhor, um carro novo, um casaco de pele e dinheiro para viajar para onde quiser?". A esposa fica tão empolgada que é fácil marcar um encontro, por meio dela, para entrevistar o marido.

Sócrates, um dos maiores pensadores da história, usou o método de fazer perguntas para difundir suas ideias. Platão e outros filósofos também.

Induza o outro a falar livremente e você saberá o que dizer – e como dizer – quando for a sua vez de falar.

COMO APAGAR O "HOLOFOTE DO FRACASSO"

Costuma-se dizer que os ricos ficam cada vez mais ricos e os pobres cada vez mais pobres. Meus estudos sobre os princípios que tornam algumas pessoas imediatamente bem-sucedidas e outras completos fracassos comprovam isso.

A Bíblia afirma, na mesma linha: "A quem tem será dado, e este terá em grande quantidade. De quem não tem até o que tem lhe será tirado" (Mateus 13:12).

Também é fato que os bens existem para ser usados, não acumulados. O que quer que tenhamos devemos usar, ou perderemos.

Eterna mudança

Também é estranho o fato de que só existe uma única coisa permanente neste universo – a eterna mudança. Nada permanece exatamente igual nem por um segundo. Até mesmo o corpo físico em que vivemos muda por completo em uma velocidade impressionante.

Você pode testar essas afirmações com suas próprias experiências. Quando uma pessoa enfrenta dificuldades para atingir o reconhecimento e ganhar um pouco mais de dinheiro, raramente aparece alguém para dar o empurrão necessário. Mas, quando ela se dá bem – e não precisa mais de ajuda –, as pessoas fazem fila para oferecer auxílio.

Pelo que chamo de lei da atração, semelhante atrai semelhante em todas as circunstâncias. Sucesso atrai mais sucesso. Fracasso atrai mais fracasso.

Ao longo da vida, somos beneficiários ou vítimas de uma correnteza veloz que nos carrega em frente, rumo ao sucesso ou ao fracasso. A ideia é ficar sob o "holofote do sucesso" em vez do "holofote do fracasso".

Como fazer isso? Simples. A resposta está em adotar uma atitude mental positiva que ajudará a moldar o próprio destino em vez de ficar à deriva, à mercê das adversidades da vida.

O poder de pensar

Sua mente foi dotada do poder de pensar, aspirar, ter esperança, direcionar sua vida para qualquer objetivo buscado. Essa é a única coisa sobre a qual temos o privilégio do controle absoluto e incontestado.

Mas lembre-se: devemos adotar essa prerrogativa – e usá-la – ou sofrer penalidades severas. A verdade é que o que quer que tenhamos – seja material, seja mental, seja espiritual – devemos usar, ou perderemos.

Primeiro, defina com clareza para si mesmo a posição que deseja atingir na vida. E então diga a si mesmo: "Posso fazer... Posso fazer isso agora".

Liste os passos que precisa dar para atingir seu objetivo. Dê um passo de cada vez e descobrirá, a cada pedacinho de sucesso, que o passo seguinte vai ficar cada vez mais fácil e que mais pessoas se aproximarão para ajudá-lo a atingir o objetivo.

Lembre-se de que você não pode ficar parado. Você deve subir em frente, rumo ao sucesso – ou despencar rumo ao fracasso.

A escolha é só sua.

SERVIR AOS OUTROS AJUDA VOCÊ

Um dos meios mais garantidos de atingir o sucesso na vida é ajudar as pessoas a chegar ao sucesso. Quase todos podem dar dinheiro aos menos afortunados. Mas a pessoa realmente rica é aquela que pode se doar, oferecer seu tempo e energia em benefício dos outros. Ao fazer isso, ela enriquece além do que possa imaginar.

John Wanamaker, o rei do comércio da Filadélfia, uma vez disse que o hábito mais lucrativo que existe é "prestar um serviço útil onde não é esperado". Edward Bok, o grande editor do *Ladies' Home Journal*, disse ter saído da pobreza para a riqueza por meio da prática de "ser útil aos outros, sem interessar o que recebesse em troca".

É preciso esforço consciente para doar tempo e energia aos outros. Você não pode simplesmente falar: "Tudo bem, estou disposto a ajudar quem precisar de mim". Você precisa desenvolver um projeto criativo para prestar serviço aos outros.

Moedas fazem amigos

Talvez alguns exemplos práticos o ajudem a pensar em formas de fazer amigos ajudando ao próximo. Veja o caso de um comerciante de uma cidade do Oeste que construiu um negócio muito bem-sucedido mediante um processo muito simples. A cada hora, um de seus empregados dá uma olhada nos parquímetros perto da loja. Sempre que o empregado vê um aviso de "expirado", coloca uma moeda na máquina e deixa um bilhete no carro avisando que o comerciante ficou feliz por proteger o dono do veículo do inconveniente de uma multa. Muitos motoristas entram na loja para agradecer ao comerciante – e ficam para comprar.

O dono de uma grande loja masculina de Boston coloca um belo cartão impresso no bolso de cada terno que vende. O cartão informa que, se o cliente ficar satisfeito com o terno, pode voltar à loja depois de seis meses e trocar o cartão por qualquer gravata de sua escolha. Naturalmente o cliente sempre volta satisfeito com o terno – e potencialmente pronto para uma nova compra.

A mulher mais bem paga do Bankers Trust Co. de Nova York começou a carreira se oferecendo para trabalhar de graça por três meses para demonstrar suas habilidades executivas.

Butler Stork deu tanto de si enquanto cumpria pena na Penitenciária Estadual de Ohio que foi solto sem cumprir a sentença de vinte anos por falsificação. Stork organizou uma escola por correspondência que proporcionou cursos variados a mais de mil detentos sem custos para eles ou para o governo. Stork inclusive convenceu a International Correspondence School a doar livros. O projeto chamou tanta atenção que Stork ganhou a liberdade como recompensa.

Ponha sua mente a trabalhar. Avalie suas habilidades e energia. Quem precisa de sua ajuda? Como você pode ajudar? Não é preciso dinheiro. Só é preciso criatividade e um forte desejo de ajudar de verdade.

Ajudar outros a resolver os problemas deles ajudará você a resolver os seus.

EVITE AS ARMADILHAS DO FRACASSO

Qualquer um que aspire ao sucesso na vida deve reconhecer as causas do fracasso. Se não, como pode evitar as armadilhas? Nas minhas pesquisas sobre as relações humanas, descobri pelo menos trinta grandes causas de fracasso, mas a avó de todas elas é a falta de habilidade para conviver em harmonia com os outros.

Um grande empresário – um dos mais ricos de sua época – uma vez me disse que tinha uma escala de cinco pontos para escolher aqueles que promovia aos cargos executivos mais altos. Aqui está ela:

1. Capacidade de boa convivência com os outros.
2. Lealdade àqueles a quem se deve lealdade.
3. Confiabilidade em todas as circunstâncias.
4. Paciência em todas as situações.
5. Aptidão para fazer um trabalho bem feito.

É notável que a aptidão para o trabalho apareça em último lugar. Acontece que, quanto maior a aptidão de uma pessoa para uma tarefa, mais condenável é a falta das outras quatro características.

Charles M. Schwab foi promovido por Andrew Carnegie de um cargo sem qualificação a um que pagava US$ 75 mil por ano. Além disso, Carnegie dava a Schwab um bônus que às vezes chegava a US$ 1 milhão por ano. Carnegie dizia que o salário era pelo serviço que Schwab prestava, e o bônus era pelo que ele inspirava os outros funcionários a fazer.

Regras para conviver bem

A capacidade de inspirar os outros é um cheque em branco do Banco da Vida que você pode preencher com a quantia que quiser. Se você carece dessa habilidade, existem alguns passos que pode dar para adquiri-la. Como? Adotando e seguindo estas regras:

1. Trate de, pelo menos uma vez por dia, dizer algo gentil ou prestar algum serviço útil que não seja esperado.

2. Module a voz para transmitir uma sensação de cordialidade e amizade àqueles com quem fala.
3. Direcione a conversa para assuntos do interesse dos ouvintes. Fale "com" eles, e não "para" eles. Considere a pessoa com quem está conversando a mais interessante do mundo, pelo menos naquele momento.
4. Suavize sua expressão sorrindo com frequência enquanto fala.
5. Nunca, em circunstância alguma, profira blasfêmias ou obscenidades.
6. Guarde suas visões religiosas e políticas para você.
7. Nunca peça um favor a alguém que você não ajudou antes em algum momento.
8. Seja um bom ouvinte. Inspire os outros a falar livremente sobre assuntos que lhes interessam.
9. Nunca fale mal dos outros. Não fique reclamando. Lembre-se de que trinta gramas de otimismo equivalem a uma tonelada de pessimismo.
10. Encerre cada dia com esta oração: "Não peço mais bênçãos, mas mais sabedoria para fazer melhor uso das bênçãos que já tenho. E me dê, por favor, maior compreensão, para que eu possa ocupar mais espaço no coração dos meus companheiros ajudando amanhã mais do que ajudei hoje".

ACREDITAR TRAZ UM ENORME PODER

Você tem sob seu comando o maior poder do universo – sua capacidade de acreditar. Na verdade, esse é o único poder sobre o qual você tem o completo e irrevogável privilégio de controlar e direcionar para propósitos de sua escolha.

As pessoas mais bem-sucedidas do mundo são aquelas que reconhecem e utilizam a sua capacidade de acreditar. Elas acreditam no poder da Inteligência Infinita. Acreditam no seu direito de recorrer a esse poder e direcioná-lo para os fins de sua escolha. Elas sabem que, acreditando, todas as coisas são possíveis. A palavra "impossível" não existe para elas.

Mas o poder de acreditar não é ligado e desligado como uma corrente elétrica. Tem que ser nutrido e fortalecido pelo uso diário. Mais adiante será descrito em detalhes um credo diário que você pode adotar para ajudar a desenvolver o seu poder de acreditar. De momento vamos examinar como um homem atingiu tremendo sucesso por meio do poder da crença.

CONVENCER A SI MESMO A TER SUCESSO

Edwin C. Barnes definiu uma meta aparentemente impossível como objetivo principal de vida. Decidiu que seria sócio do grande Thomas A. Edison! Ao começar do zero – sem nada para auxiliá-lo além de sua capacidade de acreditar –, ele literalmente "se convenceu" de um plano para atingir a meta.

Todos os dias, Barnes fazia um discurso para si mesmo enquanto se olhava no espelho. O discurso era em voz alta. Era firme. Barnes proferia o discurso com o maior entusiasmo que conseguia. "Sr. Edison", dizia Barnes, "você vai me aceitar como sócio, e serei tão útil que a recompensa me deixará rico."

Saturar o cérebro

Barnes literalmente saturou seu cérebro com a crença inabalável de que seria sócio de Edison. Assim, quando apresentou a proposta ao grande inventor, seu entusiasmo era tão ilimitado que Edison entrou no clima e deu a ele uma chance – não como sócio, mas como vendedor de um ditafone.

Barnes podia ter deixado a decepção liquidá-lo. Mas não deixou. Em vez disso, agarrou a oportunidade oferecida. Barnes simplesmente desviou a crença entusiasmada em si mesmo para a tarefa a ser desempenhada. No fim das contas, teve tanto sucesso como vendedor que Edison foi forçado a aceitá-lo como sócio para a distribuição nacional da máquina.

Isso aconteceu pouco antes de o slogan "Feito por Edison, vendido por Barnes" ficar conhecido por todos. A sociedade deixou Barnes multimilionário. O segredo de seu sucesso foi simples: "Definição de objetivo expressada com entusiasmo e crença constante".

O texto a seguir vai ensiná-lo a desenvolver essas qualidades para atingir sua meta de vida.

ACREDITAR EM SI MESMO É VITAL

O sucesso é atingido por aqueles que estão totalmente imbuídos da crença de que podem atingi-lo. Esses indivíduos estão convencidos de um fato: "Tudo que minha mente pode conceber e acreditar, minha mente pode alcançar!". São pessoas que se dedicam a desenvolver a crença em si mesmas e em sua capacidade de realizar qualquer objetivo que definam.

Você pode fazer o mesmo que Edwin C. Barnes fez quando condicionou sua mente a um único objetivo – tornar-se sócio do grande inventor Thomas A. Edison. Barnes desenvolveu seu tremendo poder de acreditar mediante a repetição diária de um credo posteriormente publicado em um *best-seller*. O mesmo credo foi enaltecido por ajudar homens e mulheres ao redor do mundo a atingir prosperidade e paz mental que antes consideravam impossíveis.

Os maiores desejos

Repetir esse credo para si mesmo pelo menos uma vez por dia vai ajudá-lo a realizar seus maiores desejos. Aqui está:

1. Eu direcionarei minha mente para a prosperidade e o sucesso, mantendo meus pensamentos voltados o máximo possível para meu objetivo principal.
2. Eu libertarei minha mente de limites autoimpostos, recorrendo ao poder da Inteligência Infinita por meio da fé ilimitada.
3. Eu manterei minha mente livre da ganância e da cobiça dividindo minhas bênçãos com quem merecer recebê-las.
4. Eu substituirei a autossatisfação indolente por um tipo positivo de descontentamento a fim de poder continuar a aprender e crescer tanto física quanto espiritualmente.
5. Eu manterei minha mente aberta em relação a todos os assuntos e todas as pessoas para poder superar a intolerância.
6. Eu procurarei o que há de bom nos outros e treinarei para lidar com seus defeitos de modo gentil.

7. Eu evitarei sentir pena de mim mesmo. Sob qualquer circunstância, eu buscarei estímulos para um esforço maior.
8. Eu reconhecerei e respeitarei as diferenças entre os bens materiais de que preciso e os que desejo e meu direito de recebê-los.
9. Eu cultivarei o hábito de fazer um esforço extra – prestando sempre mais e melhor serviço do que o esperado.
10. Eu transformarei adversidades e derrotas em incentivos, lembrando sempre que elas carregam consigo a semente de benefícios equivalentes.
11. Eu me comportarei com os outros de forma a nunca me envergonhar de encarar o homem que vejo no espelho todos os dias.
12. Por fim, minha prece diária será por sabedoria, para reconhecer e viver minha vida em harmonia com os planos do Criador.

A repetição diária vai impregnar esse credo em seu subconsciente, tornando-o parte de seu caráter. Por meio desse credo, você vai desenvolver atributos que vão ajudá-lo a ter uma personalidade agradável – o próximo tópico de nossa discussão.

MUITA COISA DEPENDE DA PERSONALIDADE

Toda bênção material ou espiritual de que você precisar ou quiser é sua – se você aprender a viver em harmonia com seus semelhantes! Uma personalidade agradável é a melhor característica que você pode ter. É a chave que vai abrir portas para amizades. Pode desarmar inimigos e trazê-los para o seu lado.

Muita gente acredita que é preciso nascer com uma personalidade agradável. Dizem que você tem ou não tem. Mas não é assim. Uma personalidade agradável pode ser desenvolvida mediante esforço consciente para adquirir os traços de caráter, as boas maneiras e o cuidado com o próximo que nos tornam espiritualmente atrativos para os outros.

Vamos examinar esses traços em mais detalhes nas páginas a seguir. Mas antes, talvez seja bom você avaliar sua personalidade atual para descobrir se você é uma pessoa com quem gostaria de manter contato diário. Talvez a melhor forma de fazer isso seja definindo parâmetros baseados nas características de personalidade que todos nós concordamos que sejam as mais condenáveis.

Os parâmetros

Listei dezessete quesitos de uma personalidade agradável aqui. Pode ser bom você ser avaliado também pela pessoa que o conhece melhor.

1. Você cuida para que as conversas sejam bilaterais, que a outra pessoa tenha chances de falar e que você não monopolize o diálogo e o transforme em um monólogo?
2. Ao conversar, você coloca muita ênfase em si mesmo e nos seus interesses?
3. Você se revela uma pessoa egoísta em palavras ou ações?
4. Você se compraz com sarcasmo e insinuações depreciativas sobre os outros?
5. Você exagera, revelando uma imaginação incontrolável?
6. Você é vaidoso? Você é chegado em autoelogio, real ou implícito, esquecendo que os atos – e não as palavras – são os únicos meios de elevação?

7. Você é indiferente às outras pessoas e seus interesses? Lembre-se, a pessoa mais importante do mundo é sempre aquela com quem você está falando no momento.
8. Você tenta diminuir as virtudes e capacidades dos outros?
9. Você pratica bajulação para obter favores?
10. Você tenta falar em termos difíceis só para dar uma impressão esnobe de superioridade?
11. Você escorrega para a insinceridade (em forma de bajulação) na tentativa fajuta de agradar?
12. Você é chegado em fofoca ou outras formas de difamação?
13. Você é desleixado no vestir, na postura ou na forma de falar? Você amaldiçoa, usa obscenidades ou blasfêmias, ou deixa a linguagem vulgar enfraquecer o impacto dos seus argumentos?
14. Você tenta chamar a atenção desnecessariamente, em especial quando outra pessoa está sendo o centro das atenções?
15. Você percorre desnecessariamente os terrenos perigosos de conversação que envolvem assuntos controversos como raça, religião e política quando eles obviamente não cabem?
16. Você tenta arranjar discussões só pelo prazer de discutir?
17. Você chateia ou deprime seus ouvintes com queixume constante, falando de suas doenças, infortúnios e fortes aversões pessoais?

Ao admitir suas falhas nessa lista com sinceridade – e se comprometer a corrigi-las –, você dará um grande passo na direção de uma personalidade agradável. Se fizer isso, ficará pronto para as etapas dos próximos textos, que ensinarão métodos positivos de atrair amigos que possam ajudar a atingir qualquer objetivo desejado.

COMO DESENVOLVER FLEXIBILIDADE

Indivíduos normais querem que os outros gostem deles. Querem a aprovação e a amizade dos outros. Mais do que isso, sabem que, se não conseguirem a cooperação de seus associados, será difícil obter sucesso na vida.

A característica número um de uma personalidade agradável é a flexibilidade. Consiste na capacidade de afrouxar mental e fisicamente, de se adaptar a qualquer circunstância ou ambiente sem perder o autocontrole e a compostura.

Mas isso não significa ser manipulável. Você não precisa se submeter aos caprichos e artimanhas dos outros para ter uma mentalidade flexível. Quase ninguém gosta de um "Maria-vai-com-as-outras".

Capacidade de avaliação

A melhor descrição de flexibilidade talvez seja a capacidade de inspecionar e avaliar uma dada situação com rapidez e reagir baseado na lógica e na razão, com um mínimo de emoção. Ao desenvolver a flexibilidade, você fica preparado para agir prontamente ao agarrar oportunidades – ou resolver problemas. A flexibilidade pode ajudar a torná-lo uma pessoa decidida.

O fantástico sucesso de Henry J. Kaiser em uma enorme variedade de empreendimentos se deve em grande parte à atitude mental flexível, que permite a ele enfrentar um fluxo interminável de problemas sem perder o equilíbrio.

A flexibilidade também ajudou Arthur Nash, um vendedor de roupas por catálogo de Cincinnati, a se ajustar rapidamente à situação quando seu negócio faliu. Ele se tornou sócio de todos os empregados em um esquema de participação nos lucros e salário – e reconstruiu a firma como uma das mais rentáveis do ramo.

Às vezes, a flexibilidade dos outros pode ajudar. Por exemplo, Henry Ford tendia a ser brusco e impaciente com os funcionários e associados. Entretanto, a diplomacia flexível da esposa, Clara, o influenciou a ser mais tolerante e o poupou de muitas dificuldades.

Quatro traços

O diretor do grande Bank of America na Costa Oeste certa vez disse: "Quando contratamos pessoas, nós as classificamos por quatro traços – lealdade, confiabilidade, flexibilidade e capacidade de fazer um bom trabalho".

Senso de humor é um importante elemento ligado à flexibilidade. Abraham Lincoln muitas vezes tinha que recorrer ao bom humor natural para manter seus ministros temperamentais sob controle em momentos de crise.

Humildade – que é diferente de submissão, como no caso de Urias – também é necessária. De que outra forma você pode chegar ao elevado grau de flexibilidade necessário para dizer as palavras "eu estava errado" – como todos precisamos dizer algum dia?

A falta de flexibilidade custou ao presidente Woodrow Wilson a aprovação de seu querido projeto da Liga das Nações pelo Senado – e partiu seu coração. Se tivesse engolido o orgulho e convidado o senador Lodge – o principal opositor da Liga – para uma conferência na Casa Branca, talvez tivesse obtido a sanção do Senado.

Flexibilidade é uma qualidade que ameniza a pobreza e engrandece a riqueza por ajudar a ser grato pelas bênçãos e não se abalar com as adversidades. A flexibilidade pode ajudar você também a fazer bom uso de todas as suas experiências, sejam elas agradáveis, sejam desagradáveis.

TENHA ENTUSIASMO E ATINJA OBJETIVOS

Ralph Waldo Emerson uma vez disse: "Sem entusiasmo nunca se realizou nada de grandioso". E a repetição frequente não maculou a verdade do velho ditado: "Nada é tão contagiante quanto entusiasmo".

Entusiasmo é a "onda de rádio" pela qual você transmite sua personalidade aos outros. É mais poderoso do que a lógica, a razão ou a retórica para difundir suas ideias e convencer os outros de seu ponto de vista.

Um gerente de vendas altamente bem-sucedido diz que o entusiasmo é a qualidade mais importante de um bom vendedor – desde que seja sincero e franco. "Quando apertar a mão de alguém, adicione algo mais para fazer a outra pessoa sentir que você está genuinamente feliz por vê-la", diz ele.

Evite o entusiasmo fajuto

É necessária uma palavra de advertência. Nada soa tão falso quanto entusiasmo de araque – a exibição excessiva de animação que traz em si o selo de falsidade.

Um exemplo de como o entusiasmo pode levar ao auge do sucesso é a carreira de Jennings Randolph. Depois de se formar na Faculdade de Salem, na Virgínia Ocidental, Randolph se envolveu em política e lançou uma campanha tão forte que foi eleito, vencendo de lavada um oponente mais velho e experiente.

O sucesso de Randolph em influenciar os colegas parlamentares levou o presidente Franklin D. Roosevelt a escolhê-lo para orientar a legislação do período de guerra no Senado. Em uma pesquisa de popularidade feita por um grupo de profissionais de Washington, Roosevelt e Randolph foram eleitos as personalidades mais cativantes do governo na época – mas Randolph ficou à frente do presidente pela capacidade de influenciar os outros com seu entusiasmo ilimitado.

Depois de quatorze anos no Congresso, Randolph aceitou uma das várias ofertas de trabalho que recebeu da indústria privada. Tornou-se assistente do presidente da Capital Airlines enquanto a companhia operava no vermelho e, com sua energia inigualável, ajudou a empresa a chegar ao primeiro lugar do mercado de transporte aéreo em dois anos.

Falando sobre a personalidade agradável de Randolph, o presidente da Capital Airlines declarou recentemente: "Ele mais do que merece o salário que ganha, não só pelo trabalho que faz, mas também, mais especificamente, pelo entusiasmo que inspira nos outros membros da empresa".

"Venda" primeiro a si mesmo

Ninguém nasce entusiasmado. É uma qualidade que se adquire. Você também pode adquiri-la.

Lembre-se de que, em quase todos os contatos com outras pessoas, você está tentando de alguma forma vender algo. Isso é verdade em todos os relacionamentos, exceto nos triviais.

Primeiro, convença a si mesmo do valor da sua ideia, do seu produto, do seu serviço – ou do seu próprio valor. Examine criticamente. Encontre as falhas do que você está tentando vender – e as elimine ou corrija. Fique totalmente convencido da retidão do seu produto ou ideia. Armado dessa convicção, cultive o hábito de pensar de modo positivo, com força e energia, e você vai notar que o entusiasmo se desenvolve sozinho – com a nota autoritária da sinceridade verdadeira que ajudará a projetá-lo para os outros.

O texto a seguir ensinará como sua voz pode ajudá-lo a atingir o sucesso.

A VOZ, UMA CHAVE PARA A PERSONALIDADE

Quando perguntaram a Sam Jones, o grande evangelista, o segredo para envolver a plateia com seus sermões, ele respondeu: "Não é tanto o que eu digo, mas a forma como eu digo". A voz e a maneira de falar podem ajudar a obter sucesso na vida. Os vendedores, políticos, advogados, clérigos e educadores mais bem-sucedidos são aqueles que aprenderam a arte de colocar no tom de voz "alguma coisa" que projeta sua personalidade e entusiasmo pelo assunto.

William Jennings Bryan, convidado a falar por 45 minutos no tabernáculo mórmon em Salt Lake City, manteve o público fascinado por duas horas e quinze minutos – e os ouvintes aplaudiram pedindo mais! "Duvido que uma dúzia de pessoas conseguisse informar qual a essência do discurso dele no dia seguinte", disse o líder da igreja mórmon. "Foi a voz dele que conquistou a plateia."

Um instrumento maravilhoso

A voz humana é um instrumento maravilhoso, com o qual um orador treinado pode dar muito mais ênfase e apelo emocional às palavras do que o simples significado transmite. Em seu melhor uso, a voz pode ter o mesmo grau de impacto de uma música bem tocada.

Todo mundo pode desenvolver um tom de voz forte e positivo com a prática. A maioria das escolas públicas oferece aulas de oratória para adultos a preço baixo, e nelas você pode obter ajuda profissional se necessário.

É lamentável que poucas pessoas realmente saibam como sua voz soa para os outros. A proximidade dos ouvidos e dos órgãos vocais distorce o som. Por isso, vale a pena gravar sua voz e ouvir. Também é útil pedir a seu amigo mais próximo críticas construtivas sobre o tom, volume e grau de sinceridade e entusiasmo de sua voz.

Voz – não linguagem

Não se esqueça de que estamos falando da voz – não da linguagem. A linguagem é um assunto que poderia encher vários livros, e falaremos disso mais adiante.

Pratique para exprimir suas ideias com clareza e confiança. Seja extrovertido. Declame para si mesmo na frente do espelho. Ler poemas ou outro tipo de literatura em voz alta também é útil. Coloque drama, animação e entusiasmo em sua voz ao ler para seus filhos na hora de dormir – e observe eles se empolgarem com interesse renovado!

A voz, assim como os olhos, é uma janela da alma. É um dos elementos pelos quais as pessoas julgam você. E, por outro lado, você também pode aprender a analisar os outros por suas vozes.

Quase todo advogado de tribunal experiente consegue identificar a mentira de uma testemunha pela hesitação e fraqueza da voz. Uma tempestade de palavras descontroladas revela o falastrão e o valentão. O médico experiente identifica um hipocondríaco pelo choramingo com que busca simpatia. Se você encarar isso como um jogo, logo conseguirá descobrir mais dos outros – por suas vozes – do que eles pretendem mostrar.

Lembre-se: as pessoas que você conhece ao longo do caminho para o sucesso registram a primeira impressão por sua voz e sua aparência. Vamos falar sobre esse segundo ponto no texto a seguir.

BOA ARRUMAÇÃO PAGA DIVIDENDOS

Nada faz tanto sucesso quanto o sucesso – e o sucesso geralmente é atraído pelas pessoas que parecem e agem como se fossem um sucesso. Durante minha vida de estudos para determinar por que algumas pessoas alcançam imensa riqueza e fama enquanto outras são fracassos deprimentes, não encontrei verdade maior do que esta: "O sucesso não precisa de desculpas, o fracasso não permite álibis".

Certo ou errado, a natureza humana é tal que a primeira impressão geralmente é a que fica. Mais importante ainda: a primeira impressão pode ser a única que tenhamos a chance de causar. Portanto, tem que ser boa!

Autocrítica exigida

Qualquer pessoa capaz de ler este texto com certeza tem conhecimento das regras básicas de higiene pessoal. Mas a luta pelo sucesso exige um nível muito mais alto e muito mais crítico de arrumação, com atenção especial a detalhes que, do contrário, são negligenciados.

Por exemplo, suas unhas passariam em um exame minucioso? Ter as unhas feitas pela esposa ou pela irmã não custa nada. Sua nuca está com aquela aparência de "está na hora de cortar de novo"? Uma passadinha rápida de navalha resolve. Qualquer um pode lustrar os próprios sapatos e passar as próprias roupas para ficar com boa aparência, não custa nada.

Lembre-se de que não há investimento melhor para o sucesso do que comprar boas roupas e acessórios. Entretanto, isso não significa que você deva torrar todo o seu dinheiro em uma orgia consumista. Ficando de olho em promoções, você consegue encontrar verdadeiras pechinchas, com economia substancial. E as mulheres, claro, podem encher seus guarda-roupas se fizerem um dos vários cursos de corte e costura gratuitos oferecidos pela ACM, por escolas públicas e grupos de recreação.

Use o "traje de domingo"

Àqueles que têm condições de bancar, recomendo enfaticamente um "traje de domingo" completo, um terno muitíssimo bem-cortado ou um vestido elegante para fins de "primeira impressão". De novo, certo ou errado, você vai perceber que as pessoas se dão a grande trabalho para ajudar alguém que pareça afluente, mas fogem daqueles que parecem passar grande necessidade! Ainda que seja um defeito da natureza humana, é algo que deve ser levado em conta.

Existe outro motivo, talvez até mais importante, pelo qual você deve se manter sempre perfeitamente arrumado quando estiver em público. A boa arrumação proporciona incentivo psicológico e maior autoconfiança. Sua confiança será ainda maior se você estiver acostumado a se vestir bem. Nada é mais revelador que um homem pouco à vontade, que se entrega remexendo na abotoadura com a qual não está familiarizado ou passando o dedo pelo colarinho com o qual não está habituado.

Truque feminino útil

Muitos homens também deveriam seguir um truque que as mulheres usam para massagear o ego: comprar um chapéu novo – e provavelmente não necessário. Seja o que for que você precise para dar uma levantada em sua atitude mental, faça! Um chapéu, uma gravata, um par de sapatos novos podem fazer maravilhas.

Existem truques de vestuário que também podem ajudar a impressionar as pessoas. Um novo conhecido pode não lembrar seu nome – mas com certeza vai se lembrar do homem que usava um cravo branco ou um anel enorme.

George S. May, consultor de empresas e promotor de golfe de Chicago, usa camisas esportivas extravagantes como marca registrada, o que o ajudou a atingir níveis altíssimos de fama e fortuna. Entretanto, aprenda primeiro a se vestir apropriadamente para cada ocasião, e você já estará dando um grande passo rumo ao sucesso.

LÍDERES TOMAM DECISÕES COM FACILIDADE

O sucesso chega mais rápido para aqueles que conseguem liderar e supervisionar outros. Ao contrário da ideia popular, as pessoas não nascem líderes – elas se tornam líderes. Mas se tornam líderes por si.

Você – e qualquer um – pode ser um líder. Mas só você pode fazer de si mesmo um líder.

A característica mais marcante da liderança é a disposição para tomar decisões. A pessoa que não quer ou não consegue tomar decisões – depois de ter elementos suficientes em que se basear – nunca pode supervisionar os outros.

Você pode treinar para tomar decisões com rapidez e com o mínimo de aflição e preocupação. É uma questão de hábito. Você pode desenvolver o bom hábito de decidir um curso de ação agora, imediatamente, ou pode desenvolver o mau hábito da procrastinação.

Aprenda antes de tudo a distinguir as grandes e as pequenas decisões – aquelas que têm altos riscos ou consequências e aquelas cujo resultado faz pouca diferença. Tome pequenas decisões o mais rápido possível. Leve mais tempo nas grandes, para ter certeza de que tem todos os fatos e de que os analisou de um ponto de vista lógico. Mas defina um prazo e, quando este acabar, tome a decisão imediatamente.

Lembre-se: uma vez tomada uma decisão, nunca olhe para trás indagando – ou se arrependendo de – como teria sido se você tivesse escolhido outro caminho. Essa contemplação é inútil. Apenas afasta sua mente das novas decisões que você inevitavelmente vai encarar.

Qualidade de respeito

Ao demonstrar disposição – e até ímpeto – para tomar decisões, você mostrará aos outros que está disposto a assumir responsabilidades. O reconhecimento desse fato conquistará o respeito dos outros, particularmente de seus superiores. O mundo está tão cheio de gente que tira o corpo fora que eles terão uma agradável surpresa ao descobrir alguém ansioso para dividir a responsabilidade de tomar decisões. Com isso você se destacará na mesma hora da massa que se esquiva.

Ao tentar de modo consciente diminuir o tempo que leva para tomar uma decisão, você estimula o desenvolvimento de uma iniciativa mais forte, um julgamento melhor, uma atitude mais flexível e uma mente mais aberta. Em resumo: adote uma atitude agressiva frente a decisões. Examine e resolva! Ao fazer isso, em breve perceberá que evitou que pequenos problemas se tornassem grandes problemas.

Se existe uma decisão a ser tomada, não a deixe ali parada, esperando que vá embora. Ela não irá.

O PROGRESSO CLAMA POR MENTES ABERTAS

Uma mente aberta é uma mente livre. A pessoa que fecha sua mente para novas ideias, conceitos e pessoas está fechando uma porta que escraviza sua própria mentalidade.

A intolerância é uma foice de dois gumes, que no rebote corta oportunidades e linhas de comunicação. Quando você abre sua mente, dá à imaginação a liberdade de agir por você. Você desenvolve sua visão.

Hoje em dia, é difícil de acreditar que, há menos de seis décadas, havia homens que riam dos experimentos de voo dos irmãos Wright. E há no máximo três décadas, Lindbergh mal conseguiu encontrar quem apoiasse seu voo transatlântico.

Os zombadores agora são desprezados

Hoje em dia, os homens de visão preveem que em breve o homem voará até a Lua – mas ninguém ri disso. Os desprezados agora são os zombadores.

Mente fechada é sinal de personalidade estática. Ela deixa o progresso passar direto e, por isso, nunca tira vantagem das oportunidades que este oferece.

Apenas se tiver a mente aberta você consegue captar o pleno impacto da primeira regra da Ciência do Sucesso: "Tudo que a mente humana pode conceber, a mente pode realizar". O homem abençoado com uma mente aberta realiza proezas nos negócios, na indústria e em outras profissões, enquanto o homem de cabeça fechada continua gritando "impossível".

Faça um inventário de si mesmo

Seria bom você fazer um inventário de si mesmo. Você está entre os que dizem "eu consigo" e "vai acontecer" ou está no grupo que diz que "ninguém consegue" – no exato instante em que alguém já está conseguindo?

Uma mente aberta exige fé – em si mesmo, nos semelhantes e no Criador, que deixou um legado de progresso para o homem e seu universo. Os tempos de superstição já se foram. Mas a sombra do preconceito é mais escura do que nunca. Você pode encontrar a luz fazendo um exame detalhado da sua personalidade.

Você toma decisões baseadas na lógica e na razão ou na emoção e em ideias pré-concebidas? Você ouve os argumentos de seus companheiros com atenção, rigor e consideração? Você vai atrás de fatos, em vez de boatos e rumores?

Novos pensamentos são necessários

A mente humana definha se não estiver em contato constante com a influência estimulante de novos pensamentos. Em sua técnica de lavagem cerebral, os comunistas sabem que a forma de acabar com a vontade de um homem é isolar sua mente, tirando os livros, jornais, rádio e outros canais normais de comunicação intelectual. Submetido a tais circunstâncias, o intelecto morre de desnutrição. Apenas a vontade mais forte e a fé mais pura podem salvá-lo.

É possível que você tenha aprisionado sua mente em um campo de concentração social e cultural? Você se sujeitou a uma lavagem cerebral feita por você mesmo, isolando-se de ideias que possam levar ao sucesso? Se sim, é hora de rebentar as grades de preconceito que aprisionam seu intelecto.

Abra sua mente e liberte-se!

ATINJA SEU OBJETIVO COM SINCERIDADE

Para chegar ao sucesso, você precisa ter um objetivo principal definido na vida. Suas chances de atingir o objetivo serão infinitamente maiores se este incluir o desejo sincero de ajudar o próximo com produtos ou serviços melhores. A palavra principal da frase é "sincero". Sinceridade é um traço de personalidade recompensado pela autossatisfação, pelo autorrespeito e pela segurança espiritual da consciência limpa.

Precisamos conviver com nós mesmos 24 horas por dia. Essa parceria pode ser desagradável se não nos conduzirmos de modo a ter o máximo respeito pelo "outro eu" invisível, que pode nos guiar até a glória, fama e riqueza – ou nos empurrar para a miséria e o fracasso.

Anedota de Lincoln

Um amigo de Abraham Lincoln uma vez contou-lhe que seus inimigos estavam falando coisas horríveis sobre ele. "Não ligo para o que eles dizem", respondeu Lincoln, "enquanto eles não estiverem falando a verdade."

A honestidade de propósito deixou Lincoln imune ao medo das críticas. A mesma característica o ajudou a resolver problemas aparentemente insuperáveis surgidos da Guerra Civil.

Sinceridade é uma questão de motivo. Por isso, é algo que as pessoas têm o direito de questionar antes de lhe conceder tempo, energia ou dinheiro.

Antes de fazer algo, teste sua sinceridade. Pergunte a si mesmo: "Considerando que busco um ganho pessoal com o que estou prestes a fazer, estou dando o justo valor a serviços ou bens em troca do lucro ou salário que pretendo obter – ou espero ganhar algo a troco de nada?".

Sinceridade é uma das coisas mais difíceis de se provar para os outros. Mas você deve estar preparado – e ávido – para fazer isso.

Pedido singular

Vejamos um exemplo. Martha Berry fundou, nas montanhas do norte da Geórgia, uma escola para meninos e meninas cujos pais não podiam pagar pelo ensino.

Por precisar de dinheiro para executar seu trabalho, Martha foi até Henry Ford e pediu uma modesta doação. Ford negou.

"Muito bem", respondeu Martha Berry, "será que você pode nos dar uma saca de amendoim?" O pedido inusitado deixou Ford tão intrigado que ele deu o dinheiro para os amendoins.

Martha colocou os alunos a plantar e replantar até as vendas atingirem um fundo de US$ 500. Então levou o dinheiro de volta para Ford e mostrou como havia multiplicado a doação.

Ford ficou tão impressionado que doou tratores e outros equipamentos agrícolas suficientes para tornar a fazenda-escola autossustentável. Além disso, ao longo dos anos, deu mais de US$ 1 milhão para os lindos prédios que hoje existem no *campus* da escola fundada por Martha Berry. "Não tive como não me impressionar", disse Ford, "com a sinceridade dela e a forma maravilhosa como foi aplicada para o bem de meninos e meninas necessitados."

Você pode impulsionar a realização de seu objetivo de vida com uma prova incisiva de seu desejo sincero de ajudar os outros.

HUMILDADE AJUDA NA REALIZAÇÃO

Muita gente pensa na humildade, um dos principais elementos da personalidade agradável, como uma característica negativa. Mas não é. A humildade é poderosa e positiva. Na verdade, é uma força que o homem pode fazer funcionar para o seu próprio bem.

Todos os grandes avanços – espirituais, culturais ou materiais – baseiam-se na humildade. É o primeiro requisito do cristianismo. Com a ajuda da humildade, Gandhi libertou a Índia. Também com essa ajuda, o Dr. Albert Schweitzer criou um mundo melhor para milhares de africanos – para todos nós – nas selvas.

A humildade é essencial no tipo de personalidade que você precisa ter para atingir o sucesso pessoal, não importa qual seja o seu objetivo. E você vai descobrir que é ainda mais essencial após chegar ao topo.

Sem humildade, você jamais adquire sabedoria, pois uma das qualidades mais importantes de um homem sábio é a capacidade de admitir: "Eu estava errado". Portanto, sem humildade você nunca será capaz de encontrar o que eu chamo de "semente de um benefício equivalente" nas adversidades e derrotas. Verifiquei que toda adversidade ou derrota carrega consigo algo que ajuda a superá-la – e até ir além. Deixe-me dar um exemplo a seguir.

CONFORTO NAS ORAÇÕES

R.G. LeTourneau começou nos negócios como garagista, fracassou e foi para o ramo da construção civil. Mais uma vez sobreveio um desastre financeiro. Ele era subempreiteiro no projeto da represa Hoover quando se deparou com uma camada inesperada de rocha muito dura. Perdeu tudo que tinha.

LeTourneau não tentou culpar outras pessoas ou as forças da natureza por suas perdas. Assumiu a responsabilidade. Depois de cada revés, ele encontrava conforto nas orações.

Foi orando em busca de orientação que ele encontrou a "semente de um benefício equivalente" em sua última derrota. LeTourneau entrou para o campo de máquinas industriais que pudessem mover qualquer tipo de solo ou rocha – incluindo o que o sobrepujara na represa Hoover.

O resultado é que hoje as escavadeiras de LeTourneau são usadas no mundo todo. LeTourneau tem quatro fábricas, e sua fortuna pessoal é de milhões.

A história da humildade de LeTourneau não acaba aqui. Para expressar a gratidão por ter recebido ajuda para transformar a derrota em vitória, LeTourneau agora doa a maior parte de seu lucro para igrejas e dedica grande parte do tempo à pregação leiga.

Força no fracasso

Às vezes a humildade transforma a derrota em bênção espiritual. Em 1955, cheguei como convidado à casa de Lee Braxton, empresário e ex-prefeito de Whiteville, na Carolina do Norte, no dia em que ele descobriu ter sofrido uma grave perda financeira devido à negligência de um sócio em quem confiava implicitamente havia anos.

"Quantos negócios bem-sucedidos você já fundou e administrou?", perguntei. "Uns quinze", respondeu Braxton, "incluindo o First National Bank de Whiteville. Nunca perdi um centavo em nenhum deles. Por isso dói tanto. É um golpe feio no meu orgulho."

"Isso é bom", retruquei. "Você está prestes a descobrir que é tão forte no fracasso quanto no sucesso. Sua perda terá sido uma grande bênção se dotá-lo de humildade no coração e gratidão pelos bens que ainda possui. Com isso você poderá ser mais bem-sucedido do que nunca."

O rosto de Braxton se iluminou com um largo sorriso. "É verdade", disse ele. "Eu não havia pensado nisso."

Meses depois, recebi uma carta de Braxton. Ele disse que sua receita havia atingido o nível mais alto de todos os tempos, superando a perda que sofrera.

A humildade é uma força positiva que não conhece limites.

SENSO DE HUMOR FACILITA O CAMINHO

Senso de humor é um tremendo trunfo que pode suavizar os solavancos da estrada para o sucesso. Se você é um daqueles indivíduos abençoados com uma disposição naturalmente alegre, pode se considerar sortudo. Se não, é algo que você pode desenvolver.

É óbvio que um bom senso de humor torna a personalidade mais agradável e mais atraente, o que por si só ajuda a atingir o sucesso. Mas, mais do que isso, pode ajudar a superar fracassos momentâneos, dar a volta por cima e encontrar novos caminhos que o coloquem de volta sob o holofote do sucesso.

Um senso de humor aguçado é baseado principalmente na humildade. Com ela podemos reconhecer nossas falhas e medos, rir deles e superá-los. Com esse auxílio também podemos deixar de lado a preocupação com as situações adversas, de modo que não sejam obstáculos na trilha rumo ao objetivo.

Família beneficiada

Foi exatamente esse tipo de bom humor constante que permitiu a Minnie Lee Steen e seus quatro filhos pequenos superar dificuldades severas no deserto de Utah enquanto seu marido, Charles, procurava pelo urânio que ele tinha certeza de que havia ali, em 1950. A água era tão escassa que o bebê tinha que tomar chá adoçado. Havia tão pouca comida que a família teve que recorrer a veados para comer carne. Pão era um luxo tão grande que as crianças devoravam como se fosse bolo.

No meio de tudo isso, Charles e Minnie Lee Steen mantiveram o senso de humor por dois anos. Para os filhos, eles transformavam os problemas em uma brincadeira – o "jogo do pioneiro", do qual as crianças gostavam muito. O resultado foi que os problemas jamais tiveram uma chance de derrubar a valente família.

No fim, Steen venceu. Encontrou urânio em uma área que, em três anos, produziu o equivalente a US$ 70 milhões em minério. O terreno arrendado está avaliado em US$ 60 milhões no mínimo. Charles e Minnie Lee Steen hoje estão no topo em grande parte devido ao bom humor persistente.

Proveito da desvantagem

Foi esse mesmo tipo de bom humor que ajudou Jonas Mayer quando voltou da Primeira Guerra Mundial com a mandíbula quebrada, uma perna machucada e praticamente surdo. Mayer procurou deliberadamente uma área onde a surdez fosse uma desvantagem – vendas – e também venceu. Hoje é vice-presidente da American Linen Supply Co., de Chicago.

"Sem senso de humor", diz Joe Mayer, "você não se diverte. E, quanto mais você aprende a rir dos seus problemas, menos importantes eles parecem, até que finalmente deixam de existir."

Contar as bênçãos

O que Joe Mayer, Charles Steen e vários outros fizeram você também pode fazer. Aprenda primeiro a contar suas bênçãos e posses com mais frequência do que suas dificuldades e problemas. Coloque-as em primeiro plano na sua mente. Se achar difícil fazer isso, escreva um inventário e leia várias vezes para si mesmo sempre que começar a se preocupar.

Lembre-se de que muitas bênçãos são tesouros escondidos, itens ou características corriqueiros aos quais você não dá o devido valor. Sua saúde, por exemplo. Ou o amor, a admiração e a fé de sua família.

Poderia ser pior

Lembre-se de que toda situação ruim poderia ser pior – como a história do homem que amaldiçoava o azar de não ter sapatos até encontrar um homem que não tinha pés. Nunca passe um dia sem orar em agradecimento pelas coisas boas que você tem, por menores que sejam. E todos os dias, dedique uma parte do seu tempo e da sua energia para ajudar os outros. Você estará jogando pão sobre as águas (Eclesiastes 11:1).

Lembre-se também de que nenhum problema é único ou inédito. Você sempre pode buscar ajuda ou conselhos. Você nunca está sozinho. Um poder superior está sempre com você. Aprenda a contar com ele. Torne regra encarar os problemas de frente, com audácia, coragem e determinação. Pois, como disse Emerson: "Uma aventura é apenas um inconveniente visto pelo lado bom".

AMERICANOS SÃO MUITO IMPACIENTES

Os americanos são apressados. Os estrangeiros consideram essa a nossa principal característica. E estão certos. É uma característica nacional que surge da energia determinada e vigorosa que é nossa maior fonte de força.

Mas essa mesma energia – essa força motriz que exige vazão imediata em forma de ação – também pode ser uma fonte de fraqueza, pois faz de nós o povo mais impaciente do mundo. Na guerra, muitos de nossos soldados se viram em desvantagem fatal frente ao inimigo devido à típica impaciência americana. Frequentemente se expunham sem necessidade em vez de apenas aguardar uma pausa do atirador.

Paciência demanda coragem

A paciência exige um tipo peculiar de coragem. É um tipo persistente de tolerância e resistência que resulta da dedicação completa a um ideal ou objetivo. Por isso, quanto mais firmemente imbuído da ideia de atingir seu objetivo de vida, mais paciência você terá para superar os obstáculos.

A paciência de que estou falando é dinâmica, não passiva. É uma força positiva, não uma submissão aquiescente às circunstâncias. E surge do mesmo tipo da imensa energia que nós, americanos, temos em tamanha abundância. Entretanto, é cuidadosamente controlada e estritamente direcionada para um objetivo com uma fixação quase fanática.

Derrotado dez mil vezes

É o tipo de paciência que Thomas A. Edison tinha enquanto procurava um material adequado para o filamento das lâmpadas incandescentes. Pelas próprias contas, Edison sofreu dez mil derrotas enquanto testava e descartava um material após o outro até finalmente encontrar o certo.

Uma vez perguntei a Edison o que ele teria feito se ainda não tivesse encontrado o sucesso. "Nesse caso, eu ainda estaria no meu laboratório procurando a resposta certa em vez de perder tempo conversando com você", respondeu ele com um sorriso que suavizou as palavras.

Constance Bannister considera a impaciência seu maior defeito. Mesmo assim escolheu deliberadamente uma profissão em que a paciência é o maior pré-requisito – fotografar bebês – e se tornou a pessoa mais bem-sucedida do ramo. "Com um bebê, para obter a expressão que você quer, é preciso repetir, repetir, explicar e explicar em um tom monótono e calmo", diz ela. "Eu gosto de fotografar bebês porque me ajuda muito. Desenvolve meu senso de humor e me ajuda a ser criativa em outras áreas."

Desenvolver o senso de humor

Como você pode desenvolver a paciência? É fácil, contanto que você tenha decidido seu objetivo principal na vida e se concentre nele com todas as forças, até estar repleto de um desejo ardente de alcançá-lo – e todos os seus pensamentos, atos e orações sejam direcionados para essa finalidade.

Foi exatamente esse tipo de ideia fixa que deu a paciência necessária para Edison inventar a luz elétrica, para Salk produzir a vacina contra a poliomielite, para Hilary escalar o monte Everest e para Helen Keller triunfar apesar das dificuldades físicas aparentemente insuperáveis. Esse mesmo tipo de concentração no objetivo principal dará a paciência de que você precisa para atingi-lo.

A SABEDORIA DA PRESENÇA MARCANTE

Na lição de hoje da Ciência do Sucesso, vamos considerar o caso de Joe Dull[3]. Joe é um cara trabalhador – aplicado, leal, pontual, confiável e talentoso. Ele dá ao chefe mais do que o exigido em tempo, esforço e energia. Com certeza você acha que Joe está destinado a alcançar o sucesso.

Mas não. Joe não está chegando a lugar algum. Outros consideravelmente menos merecedores estão sendo promovidos.

O fato é que Joe não tem uma presença marcante. Ele simplesmente nunca atrai a atenção do chefe.

Você é como Joe? Caso sim, desenvolva uma presença marcante e veja o quanto fica mais fácil subir a escada do sucesso.

Mas é necessário um pouco de atenção. Existe uma nítida diferença entre a verdadeira presença marcante e outras formas menos honestas de atrair a atenção. Puxa-saquismo, por exemplo, trará mais inimigos do que amigos. Assim como fanfarrice escancarada.

A verdadeira presença marcante é criativa. Tem um certo fundo de entretenimento. Exige inventividade e boa noção de *timing*.

O exemplo de um candidato

Lembro, por exemplo, de quando Alexander Brummit concorreu a xerife de Wise County, na Virgínia. Brummit organizou um mutirão voluntário para construir uma casa nova para uma mãe viúva. Ele visitou os cidadãos e os convenceu a participar do trabalho, induziu os comerciantes e as lojas a contribuir com materiais e móveis. Conseguiu até que as esposas dos voluntários preparassem um grande piquenique.

Após a casa ser erguida em um só dia, Brummit transformou o piquenique em um comício político, discursando para a multidão, que incluía quase todos os cidadãos votantes do município. Agradeceu por se juntarem a ele para fazer algo para uma pessoa da comunidade e concluiu pedindo a ajuda deles outra vez – para a comunidade como um todo –, para "me elegerem para o cargo, a

3 Dull significa "maçante". (N.T.)

fim de que eu possa dar ao povo de Wise County o tipo de aplicação da lei que merece". A presença marcante de Brummit garantiu uma vitória esmagadora na eleição.

Macfadden era marcante

O dom de Bernarr Macfadden para a presença marcante de vez em quando beirava o bizarro, mas ele fez valer a pena, recebendo milhões por pular de paraquedas de cueca de flanela vermelha, andar descalço na Broadway e exibir seu extraordinário desenvolvimento muscular.

Você não precisa chegar a esses extremos. Às vezes uma atenção especial às sutilezas da cortesia e da boa educação podem atingir o mesmo objetivo.

Glenn R. Fouche, presidente da Stayform Co., conta a história de um amigo que se tornou presidente de uma grande companhia de guinchos e guindastes do Texas com um método simples. Ao vender seu primeiro pequeno guindaste, o homem, na época um jovem vendedor, escreveu para o chefe do departamento de expedições agradecendo por ter entregado o pedido rapidamente. Escreveu para o superintendente do departamento de pintura sobre o quanto ficou orgulhoso ao ver o vermelho brilhante quando o guindaste foi desembrulhado. Ao longo dos anos, ele criou o hábito de sempre tentar mostrar a cada membro da firma o quanto valorizava o trabalho deles.

Lembre-se de que a verdadeira presença marcante deve seguir um curso positivo. Ela nunca derruba ou minimiza o valor dos outros. Ninguém pode chegar ao sucesso sobre as costas de alguém.

Se você é como o bom e confiável Joe Dull, talvez seja modesto, tímido e retraído demais para apresentar ideias, sugestões e ofertas de serviço extra para o seu chefe pessoalmente. Nesse caso, escreva bilhetes. Eles garantem o devido crédito!

Mas não espere. Comece agora a usar a presença marcante como ferramenta para construir o seu sucesso!

ESPERANÇAS E SONHOS ENGRANDECEM

A esperança é a matéria-prima com a qual você constrói o sucesso. A esperança se cristaliza como fé, a fé como determinação, e a determinação como ação. A esperança brota principalmente dos sonhos de um mundo melhor, de uma vida melhor, de um amanhã melhor. Baseado na esperança, você definirá seu objetivo de vida principal e o tornará realidade.

Anos atrás, por exemplo, James J. Hill estava sentado na frente de um telégrafo enviando a mensagem de uma mulher para uma amiga cujo marido havia morrido em um acidente de trem. A mensagem dizia: "Que sua dor seja amenizada pela sua esperança de encontrar seu marido em um mundo melhor".

A palavra "esperança" grudou na mente de Hill. Ele começou a pensar sobre os poderes e possibilidades da esperança. Isso o guiou para o sonho de algum dia construir uma nova ferrovia para o Oeste. O sonho gradativamente se fortaleceu como uma determinação absoluta que Hill fez frutificar com a construção do sistema ferroviário Great Northern.

UM TRABALHO DE 24 ANOS

Manuel L. Quezon ousou sonhar e ter esperança na emancipação de suas queridas ilhas, as Filipinas. Ele ousou até mesmo esperar algum dia ser presidente de uma república filipina livre.

A esperança de Quezon se transformou em fé – e então em ação, quando conseguiu ser indicado comissário residente das ilhas. Por 24 anos ele dedicou todos os esforços para o dia em que o território se tornasse um país independente. Sei disso porque éramos bons amigos, e com frequência ele me permitia dar conselhos sobre meios de alcançar seus objetivos políticos.

Os esforços de Quezon, como todo mundo sabe, foram bem-sucedidos. No dia em que foi eleito presidente da nova República das Filipinas, ele me mandou este telegrama: "Quero agradecê-lo de todo o coração por ter me inspirado a manter acesa em meu peito a chama da esperança até este glorioso dia de triunfo".

Sonhe grande

O aprendizado na história de Quezon é que você deve dar à sua imaginação total liberdade para criar esperança. Ouse sonhar grande. Encha-se da fé de que nada é impossível, já que "tudo que a mente humana pode conceber, a mente pode realizar".

A partir da esperança e da fé, decida seu objetivo principal. Escreva-o. Guarde-o na memória. Faça dele a estrela fixa que guia até o sucesso. E então comece a agir para realizá-lo.

Toda história de sucesso com um final feliz começa com a frase "Era uma vez uma pessoa que sonhava um dia...". A sua deve começar da mesma maneira.

VOCÊ É AVALIADO PELA MANEIRA DE FALAR

Toda nova pessoa que você conhece é um juiz. Você é o réu. Consciente ou inconscientemente, todos – até mesmo o conhecido mais casual – tentam julgar que tipo de pessoa você é, como você pensa, o que faz você vibrar.

O que as pessoas acham de você nesses encontros tão breves depende de duas coisas – sua aparência e sua fala. Você deve deixar a melhor impressão possível todas as vezes, já que a próxima pessoa que conhecer pode ser aquela que vai dar um tremendo empurrão escada acima, rumo ao sucesso.

Sua forma de falar e a escolha das palavras vão pesar muito mais a favor ou contra do que qualquer outro fator. Por isso, você deve tomar esta como uma regra de vida: sempre escolha as palavras com a mesma atenção e cuidado que teria se estivesse falando em um estádio para dez mil pessoas, com transmissão para mais dez milhões pelo rádio.

Simplicidade é melhor

Escolher bem as palavras não significa que você deva usar uma linguagem rebuscada, formal ou empolada. A linguagem casual e simples carrega uma força e um significado muito maiores. Embora a correção gramatical seja altamente desejável, alguns dos pensamentos mais profundos já foram expressados sem gramática, como no caso de Einstein.

Mas um elemento essencial é um bom vocabulário. Quase que invariavelmente pensamos por meio de palavras. Sem um grande estoque de palavras, a abrangência do nosso pensamento fica muito limitada.

Se você carece de um bom vocabulário, crie o hábito diário de folhear um bom dicionário. Estude o *Thesaurus de Roget* para entender as nuances de significados dos sinônimos. Aprenda uma nova palavra por dia, aplicando-a em pelo menos dez frases, para treinar. Trate de usá-la sempre que possível.

Repleta de significado

A palavra pode não ser comprida ou difícil, mas tem que ser repleta de significado. Concentre-se nos verbos e palavras que transmitem ideias subjetivas difíceis de expressar, a não ser que você tenha a palavra certa na ponta da língua.

Aprenda a usar a palavra certa no lugar certo e no momento certo. Isso só é possível com a prática na conversa diária.

A partir de agora, tire de seu vocabulário toda profanidade, blasfêmia, obscenidade e desrespeito. O uso de profanidade ou blasfêmia entrega na hora quem não domina o poder das palavras para expressar suas emoções de forma apropriada. Obscenidade, piadas de mau gosto e de duplo sentido servem para pessoas vulgares que carecem de sagacidade para ser realmente divertidas ou engraçadas. Irreverência com a própria religião ou a de outras pessoas é sempre de imperdoável mau gosto.

O penetra londrino

A discussão sobre o uso de palavras apropriadas me lembra da história que ouvi sobre um grande jantar oferecido por um ex-primeiro-ministro da Grã-Bretanha. Um cavalheiro de aspecto muito distinto chegou em traje impecável. Sua aparência impressionou a todos. Só que ninguém parecia conhecê-lo.

Enquanto o jantar era servido, um garçom ofereceu ao estranho bem-vestido um prato de batatas assadas. O convidado deu um largo sorriso e falou pela primeira vez. "Ah! Batatinhas pra mim!", proclamou ele em um estridente sotaque londrino. Foi expulso no mesmo instante como penetra.

Moral da história: se você não sabe a palavra certa em alguma ocasião, fique de boca fechada e estará livre de encrenca.

SEJA OTIMISTA PARA ATINGIR OS OBJETIVOS

Otimismo é uma questão de hábito mental. Você pode aprender a treinar o hábito do otimismo – e assim aumentar em muito as chances de alcançar o sucesso. Ou pode se afundar no abismo do pessimismo e do fracasso.

Otimismo é uma das características mais importantes da personalidade agradável. Mas é, em grande parte, resultado de outras características que já discutimos – um bom senso de humor, esperança, capacidade de superar o medo, contentamento, atitude mental positiva, flexibilidade, fé e determinação.

O pessimista tem medo do diabo e passa a maior parte do tempo lutando contra ele. O otimista ama o Criador e passa o tempo a louvá-lo.

Você pode evitar o pessimismo por meio da crença absoluta em duas das mais básicas verdades da Ciência do Sucesso:

1. Tudo que a mente humana pode conceber, a mente pode realizar.
2. Toda adversidade e derrota carregam a semente de um benefício equivalente, se formos habilidosos o suficiente para encontrá-la.

Trace planos agradáveis

Em vez de se preocupar com as coisas ruins que possam sobrevir, passe alguns minutos de cada dia enumerando as coisas boas que acontecerão amanhã, na semana que vem, no ano que vem! Ao pensar nelas, você se vê traçando planos para fazê-las acontecer. E então exercita o hábito do otimismo.

Lembre-se de que nenhum grande líder ou personalidade bem-sucedida foi pessimista. O que um líder assim poderia oferecer a seus seguidores além de desespero e derrota?

Mesmo nos dias mais sombrios da Guerra Civil, os líderes de ambos os lados – como Lincoln e Lee – mantiveram a fé em dias melhores por vir. O otimismo natural de Franklin D. Roosevelt injetou um novo espírito de esperança em uma nação abatida pela Depressão. Mesmo líderes infames – os Hitlers, Stalins, Mussolinis e Maos – se apoiam nas promessas de dias melhores para conquistar seguidores, com lemas como "amanhã o mundo", "nada a perder além de nossos grilhões" e "a nova Ásia".

Vivendo no melhor sistema social, econômico e político da história da humanidade, você poderia se dar ao luxo de ser menos otimista? Lembre-se de que semelhantes atraem semelhantes nas relações humanas, não importa qual seja a regra no mundo físico. Otimistas tendem a se juntar com otimistas, assim como o sucesso atrai mais sucesso. O pessimista cria preocupações e problemas sem nem abrir a boca porque sua atitude mental negativa serve como um ímã perfeito para eles.

O otimismo é em si um tipo de sucesso. Significa que você tem uma mente saudável, tranquila e feliz. Um homem extremamente rico pode ser um fracasso em termos físicos se seu pessimismo constante provocar uma úlcera.

Faça julgamentos sólidos

O otimismo não é um estado mental em que você atira o discernimento pela janela na crença idealista de que os eventos futuros se resolverão sozinhos. Isso é a perspectiva dos tolos. Otimismo é a firme crença na capacidade de fazer as coisas darem certo por pensar à frente e decidir o melhor curso de ação baseado em um julgamento sólido. Deixe-me dar um exemplo.

No ápice do grande *boom* de 1928, havia os falsos otimistas que se recusavam a acreditar que a bolha poderia estourar um dia. Eles zombavam dos "pessimistas" previdentes, que alertavam que a nação estava caminhando sobre um terreno perigoso de inflação e especulação.

Quando veio o colapso, os "otimistas" foram pegos de surpresa. Muitos careceram de força espiritual para buscar a vitória na derrota e se mostraram os verdadeiros pessimistas. Mas aqueles que olharam à frente de modo destemido e honesto se colocaram em posição de lucrar horrores com vendas a descoberto e outras estratégias. Esses se revelaram os verdadeiros otimistas.

Você pode ser esse tipo de otimista. Aprenda a encarar o futuro de frente. Analise-o. Pese os fatores com julgamento lúcido. Depois decida o curso de ação para que as coisas aconteçam como você quer. Você vai descobrir que o futuro não guarda nada que você deva temer.

PARTE 3

LIÇÕES ADICIONAIS DA SÉRIE *CIÊNCIA DO SUCESSO*

SETEMBRO DE 1955 – JANEIRO DE 1957

"O ritmo rápido em que o mundo se move hoje criou milhares de necessidades que nem existiam há cinquenta anos. Essa fórmula vai provar que a única limitação que temos é aquela que colocamos em nossa mente."

ARTIGO 1

SUCESSO PARA VOCÊ

As únicas limitações para o seu sucesso são sua ambição e seus desejos! Se você está pronto, pode marcar o dia de hoje como o momento de transformação mais importante de sua vida, independentemente dos fracassos do passado, dos obstáculos atuais ou do que você mais deseja na vida.

Existe uma fórmula para o sucesso, assim como uma fórmula para o fracasso. A fórmula de dezessete partes será oferecida aos leitores, uma parte por semana, nesta coluna. Essa fórmula tem sido usada no todo ou pelo menos em parte por todo ser humano que já alcançou algum grau de sucesso.

W. Clement Stone usou a fórmula do sucesso com tamanha eficiência que hoje é presidente de quatro grandes companhias de seguros. Ele começou a empresa com apenas US$ 100 em dinheiro e a fórmula!

Earl Nightingale, famoso astro do rádio e da televisão em Chicago, se apoderou da fórmula há poucos anos, quando trabalhava por um salário modesto. Usou-a de modo tão eficiente que hoje é presidente de duas corporações e diretor de várias outras.

Brownie Wise, ex-dona de casa que hoje é a empresária mais bem-sucedida do mundo, se apossou da fórmula há poucos anos. Hoje é chefe da Tupperware Home Parties, uma organização nacional de muitos milhares de empregados.

Conrad Hilton nasceu em condições humildes, em uma casa simples de adobe, em Cisco, Texas. Aplicando apenas algumas das dezessete partes da fórmula do sucesso, tornou-se chefe do maior conglomerado de hotéis no mundo. Recentemente, ele disse: “Seu valor é determinado por aquilo que você faz de si mesmo”.

Faz pouca diferença o ponto de partida de um homem neste país. O que importa é: qual é seu objetivo e como pretende alcançá-lo? Onde mais, senão nos Estados Unidos, um imigrante humilde pode começar empurrando um carrinho de banana e chegar à chefia do maior sistema bancário do mundo, como fez o italiano Gianini? Não só ele saiu da pobreza para a riqueza usando a fórmula do sucesso, como também essa mesma fórmula fez do Bank of America, que ele fundou, o maior banco do mundo.

Vivemos em um tempo abençoado por mais invenções e mais maneiras de divulgar serviços pessoais do que jamais existiu na história da humanidade antes do começo deste século. Não deixe ninguém desestimulá-lo sugerindo que oportunidades são coisa do passado. O ritmo rápido no qual o mundo se move hoje criou milhares de necessidades que nem existiam cinquenta anos atrás. Essa fórmula vai provar que a única limitação que temos é aquela que colocamos em nossa mente.

O primeiro passo que devemos dar para o sucesso será publicado nesta coluna na semana que vem.

ARTIGO 2

ESCOLHA SEU OBJETIVO

Antes de começar a construir uma casa, é necessário desenvolver um projeto satisfatório. E você não começaria uma viagem sem saber aonde vai e como pretende chegar lá.

Mas só duas em cada mil pessoas sabem exatamente o que querem da vida e têm planos funcionais para atingir seus objetivos. São essas as pessoas que se tornam líderes em todos os campos de atuação – os grandes sucessos que fazem a vida recompensá-los em seus termos. O mais estranho sobre essas pessoas bem-sucedidas é que não têm mais personalidade, educação e oportunidades que outras que nunca chegaram lá.

Se você sabe exatamente o que quer e tem fé absoluta em sua habilidade de chegar lá, você pode conquistar o sucesso. Se você não tem certeza do que quer da vida, comece a descobrir agora.

Primeiro, escreva uma declaração clara do que mais deseja – a única coisa ou circunstância que, depois de conquistada, justificaria você chamar de sucesso.

Segundo, escreva um esboço claro do plano com o qual pretende alcançar seu objetivo e estabeleça claramente em seu plano o que pretende dar em troca.

Terceiro, determine um prazo dentro do qual pretende alcançar seu objetivo principal definido.

Quarto, memorize o que escreveu e repita muitas vezes todos os dias como uma prece. Termine a oração expressando gratidão por ter recebido aquilo que é necessário para seu plano.

Siga essas instruções ao pé da letra e vai se surpreender com a rapidez com que toda a sua vida vai mudar para melhor. Continue esse procedimento sem se importar com os céticos que o cercam e que podem não entender a lei profunda que você está seguindo.

Lembre-se: nada acontece por acaso! Você tem que fazer as coisas acontecerem, inclusive o sucesso individual. Sucesso em todos os campos é resultado de ação definida, cuidadosamente planejada e executada de modo persistente.

Definição de objetivo torna a palavra "impossível" obsoleta. É o ponto de partida de todas as realizações bem-sucedidas. Está disponível para você e todo mundo, sem dinheiro e sem preço. Você só precisa de iniciativa pessoal para adotar e usar.

A menos que saiba o que quer da vida e esteja determinado a conseguir, você será forçado a aceitar meras migalhas daqueles que sabiam aonde iam e tinham um plano para chegar lá.

Para ter certeza do sucesso, sature sua mente por completo com o seu objetivo. Pense e planeje o que deseja. Mantenha a mente longe daquilo que você não quer. Aqui você tem a fórmula prática que toda pessoa bem-sucedida segue.

ARTIGO 3

MANTENHA UMA ATITUDE MENTAL POSITIVA

Quando perguntaram o que mais contribuiu para seu sucesso, Henry Ford disse: "Mantenho minha cabeça tão ocupada pensando no que quero conquistar que não sobra espaço para pensar nas coisas que não quero". Quando perguntaram de que ele mais precisava para a operação bem-sucedida de seu grande império automobilístico, Ford exclamou prontamente: "Mais homens que desconheçam existir algo que não possa ser feito".

Thomas Edison, o maior inventor de todos os tempos, chocou os amigos ao afirmar que a surdez era sua maior bênção porque o salvava do incômodo de ter que ouvir coisas negativas nas quais ele não tinha interesse e permitia que se concentrasse em seus objetivos e propósitos com uma atitude mental positiva. Uma das características mais estranhas do homem é frequentemente precisar de uma tragédia, um fracasso ou alguma forma de infortúnio para perceber o poder de uma atitude mental positiva.

Milo C. Jones, de Fort Atkinson, Wisconsin, tinha uma vida modesta como fazendeiro até ser acometido de paralisia. Ele então descobriu que o poder de sua mente era maior que a força e o poder dos músculos. Sua ideia para as linguiças Little Pig o tornou fabulosamente rico na mesma fazenda em que antes conseguia apenas ganhar a vida.

A atitude mental é o meio pelo qual você pode equilibrar sua vida e seu relacionamento com pessoas e circunstâncias para atrair aquilo que deseja. "Tudo que sua mente puder conceber e acreditar, sua mente pode realizar." Recorte essa frase e a cole no espelho, onde possa vê-la todos os dias de sua vida.

ARTIGO 4

FAÇA UM ESFORÇO EXTRA

"Se alguém o forçar a caminhar com ele uma milha, vá com ele duas." (Mateus 5:41). Esse pode bem ser o ensinamento mais profundo das Escrituras. Vai muito além da Regra de Ouro, aconselhando o leitor a dar ao semelhante não só o que ele espera e tem o direito de receber – mas muito mais. O conceito do esforço extra é apresentado em outra parte das Escrituras que afirma: "O que o homem semear, isso também colherá" (Gálatas 6:7).

Fazer um esforço extra significa entregar mais e melhor serviço que de costume ou que o necessário, com uma atitude mental positiva, agradável. Essa é a única razão justa para alguém pedir aumento de salário, promoção ou qualquer favor.

Carol Downes, um jovem caixa de banco, mudou de emprego e foi trabalhar para William C. Durant, fundador da grande General Motors Corporation. No primeiro dia, aconteceu uma coisa que deu a Downes uma promoção depois da outra e fez dele um homem muito rico. Quando soou a campainha do final de expediente, todos correram para a porta. Downes ficou em sua mesa. Alguns minutos mais tarde, Durant saiu de sua sala, viu Downes ainda em sua mesa e pediu um lápis.

Downes pegou dois lápis novos, apontou-os com capricho e, sorridente, entregou-os ao magnata dos motores. Todas as noites, Downes ficava além do horário, esperando, como ele disse, estar disponível quando o chefe quisesse alguma coisa. Essa atitude mental rendeu a Downes um rendimento de US$ 50 mil anuais pela associação com Durant.

Os benefícios que uma pessoa recebe pelo hábito de fazer um esforço extra nem sempre vêm daqueles a quem o serviço foi prestado. Às vezes, o retorno parece indevidamente atrasado. Mas, quando chega, frequentemente vem multiplicado em comparação à natureza e extensão do serviço prestado.

Um homem sábio tem conhecimento de que, antes de poder colher a safra de qualquer tipo de riqueza, deve semear a semente adequada de serviço que dará a ele o direito da colheita.

ARTIGO 5

PENSE COM EXATIDÃO

Seu poder de pensamento é a única coisa sobre a qual você tem controle absoluto. Para usar esse poder com eficiência, você deve pensar de forma precisa. A natureza sagrada desse privilégio exclusivo se deve ao fato de que o Criador o reservou para o homem como uma marca que o distingue de todas as demais criaturas vivas.

Pensadores precisos não permitem que ninguém pense por eles. Pessoas de sucesso têm um sistema definido com o qual tomam decisões precisas. Elas recolhem informações e ouvem opiniões dos outros, mas no fim reservam para si o privilégio de tomar decisões.

O pensamento preciso é baseado em dois fundamentos principais: (1) raciocínio indutivo baseado em suposições de fatos desconhecidos ou hipóteses, quando os fatos não estão disponíveis, e (2) raciocínio dedutivo, baseado em fatos conhecidos ou no que se acredita que sejam fatos.

O pensador preciso sempre dá dois passos importantes. Primeiro, separa os fatos da ficção ou de boatos que não podem ser confirmados. Depois, separa os fatos em duas categorias – importantes e irrelevantes. Um fato importante é o que pode ser usado como facilitador para atingir um objetivo. Todos os outros são irrelevantes. É trágico que tanta gente baseie seus pensamentos em boatos irrelevantes e fatos não importantes, o que leva apenas à miséria e ao fracasso.

O pensador preciso reconhece que a maior parte das opiniões dadas pelos outros não tem muito valor e pode ser até perigosa se tomada como precisa, pois é tendenciosa, apoiada em predisposições, preconceito, intolerância, egotismo, medo e palpites. Um pensador preciso se faz de surdo para pessoas que começam uma conversa com "dizem que", porque sabe que só vai ouvir conversa fiada.

Emoções inconfiáveis

O pensador preciso sabe que ninguém tem o direito de expressar opiniões sobre qualquer assunto a não ser baseado em fatos confiáveis. Essa regra eliminaria como inútil uma grande parte dos chamados pensamentos da maioria das pessoas.

O pensador preciso reconhece que conselhos gratuitos – oferecidos por amigos e outros – em geral não são dignos de consideração. Se quer um conselho, o pensador preciso busca uma fonte confiável e paga de alguma forma. Ele sabe que não se obtém nada de valor sem uma compensação.

O pensador preciso sabe que suas emoções não são sempre confiáveis. Ele se protege contra possíveis influências erradas das emoções examinando-as e pesando-as cuidadosamente por meio da razão e da lógica.

Algumas decisões certas

James B. Duke não teve formação escolar e nunca aprendeu a escrever, mas desenvolveu uma refinada precisão de pensamento, o que fez dele um dos homens mais ricos do mundo. Duke não perdia tempo pensando em trivialidades e fatos irrelevantes. Tomava as decisões rapidamente depois de dispor dos fatos.

Um dia Duke encontrou um velho amigo que ficou chocado ao ouvir que ele planejava abrir duas mil tabacarias. "Eu e meu sócio", disse o amigo, "temos problemas suficientes com apenas duas lojas, e você pensa em abrir duas mil. É um erro, Duke." "Um erro!", exclamou Duke. "Cometi erros a vida toda, e, se tem algo que me ajudou é que, quando cometo um, nunca paro para ficar falando dele. Vou em frente e cometo outros."

Duke seguiu em frente com sua rede de tabacarias, que acabaram por render US$ 2 milhões por semana. Ele deixou muitos milhões de dólares para a construção da Universidade Duke, e isso foi apenas uma pequena fração da riqueza que acumulou com as suas decisões rápidas e precisas, muitas delas certas.

Elbert Hubbard definiu executivo como "um homem que toma muitas decisões, algumas delas certas".

Obviamente o pensamento preciso exige o mais alto grau de autodisciplina, um assunto tão intimamente ligado ao pensamento preciso que será discutido em nossa próxima coluna. Decisões rápidas e precisas são as mais importantes fundações do sucesso em qualquer área de atuação. Não são realizáveis sem coragem e disciplina honesta.

ARTIGO 6

EXERCITE A AUTODISCIPLINA

A causa número um de fracassos individuais é a incapacidade de conviver em harmonia com os outros. Na maior parte dos casos, isso é resultado da falta de autodisciplina. Andrew Carnegie uma vez disse: "O homem que não consegue ou não quer exercitar a autodisciplina deverá se submeter à disciplina de outros". E disse ainda:

> Sempre tive como parte da minha filosofia de negócios alertar meus associados para os perigos do uso indiscriminado da autoridade e do poder pessoal, principalmente àqueles recém-promovidos a cargos de autoridade.
>
> Poder recém-adquirido é parecido com riqueza recém-conquistada; é preciso muito cuidado para que um homem não se torne vítima do seu próprio poder por mau uso. É aqui que a autodisciplina é importante. Se um homem mantém seus pensamentos e ações sob controle, faz uso deles de forma a servir aos outros sem antagonismo, atraindo cooperação amigável.

Thomas A. Edison testou mais de dez mil ideias diferentes antes de aperfeiçoar a lâmpada elétrica incandescente. Ele teve autodisciplina para se manter firme em meio às adversidades antes da vitória. Sua autodisciplina resultou na grande era elétrica, que transformou todo o mundo mecânico e industrial e criou empregos para milhões.

Autodisciplina necessária

A autodisciplina é o único meio garantindo de se desenvolver e manter uma atitude mental positiva. É o meio pelo qual se aprende com os erros e se descobre a semente de um benefício equivalente em todos os fracassos e derrotas.

Você tem, no poder de sua mente, tudo de que precisa para sair de onde está e chegar aonde deseja na vida. Mas esse poder consiste em um potencial tanto positivo quanto negativo; apenas a autodisciplina pode ajudar a direcioná-lo para fins bem-sucedidos.

A autodisciplina é essencial para a manutenção da saúde. E é por meio dela que o indivíduo se concentra no que quer da vida e evita atrair o que não quer por conta do medo e das preocupações.

Por meio de uma autodisciplina quase inacreditável, Mahatma Gandhi libertou a Índia do domínio britânico sem violência, sem organização militar e sem dinheiro – um raro feito na história da humanidade. Por falta de autodisciplina, Hitler destruiu seu país, causou a morte de inúmeros homens e perdeu a própria vida.

Ele obteve sucesso

Arthur Rubloff, conhecido corretor de imóveis de Chicago, é hoje dirigente de um negócio de US$ 40 milhões. Por meio da autodisciplina, conseguiu progredir de engraxate para a notável posição atual. Ele concebeu o plano de visitar três clientes imobiliários potenciais todos os dias, com chuva, sol, neve ou granizo. Isso exigiu muitas horas de trabalho e muita caminhada. E deixou Rubloff sem tempo para lazer. Porém, ele continuou executando o plano ao longo dos anos e alcançou o sucesso. Não teria conseguido chegar nem perto não fosse a autodisciplina estrita.

Henry Garfinkle, de Nova York, começou aos 13 anos de idade como vendedor de jornal para os passageiros da balsa de Staten Island. Por meio da autodisciplina, superou as adversidades e em pouco tempo conseguiu uma concessão dentro do terminal da balsa. Expandiu os negócios gradualmente e conquistou respeito como *expert* em problemas de circulação. Como resultado, quando um grupo de empresários tentou recuperar a saúde financeira da firma Greater Boston Distributors Inc., Garfinkle foi chamado para trabalhar como solucionador de problemas. Sua reputação aumentou com essa experiência, e ele se tornou conhecido como um especialista em circulação.

Garfinkle começou a comprar ações da gigante American News Co. e de sua subsidiária, a Union News Co. Neste ano, ele e um grupo de associados próximos assumiram o controle das duas firmas, e Garfinkle foi eleito presidente. A autodisciplina valeu muito a pena!

O silêncio é precioso

A autodisciplina possibilita aumentar e manter a força de vontade em vez de desistir quando o caminho fica difícil e o fracasso parece estar na próxima esquina. Existem dois momentos na vida em que o homem precisa de autodisciplina muito aprimorada para ficar a salvo da ruína. Um deles é quando é derrubado pelo fracasso e pela derrota, e o outro é quando começa a alcançar níveis mais altos de sucesso.

Por fim, a autodisciplina ensina que o silêncio muitas vezes é mais apropriado e traz mais vantagens do que palavras inspiradas por raiva, ódio, inveja, ganância, intolerância e medo. E é o meio pelo qual se desenvolve e mantém o saudável hábito de pensar sobre os possíveis efeitos das palavras antes de falar.

ARTIGO 7

O IMBATÍVEL MASTERMIND

A ALIANÇA DE MASTERMIND VENCE

Duas ou mais pessoas envolvidas ativamente na busca de um objetivo definido com uma atitude mental positiva constituem uma força imbatível. O MasterMind é o meio pelo qual alguém pode aproveitar todos os benefícios da experiência, treinamento, educação, conhecimento especializado e influência dos outros tão completamente quanto se suas mentes fossem uma só.

Quando perguntaram a Andrew Carnegie sobre seu sucesso na indústria do aço, ele respondeu: "Pessoalmente não sei nada sobre as questões técnicas da fabricação do aço, mas tenho uma aliança de MasterMind com homens que têm o conhecimento exigido". Suas funções pessoais na aliança eram, segundo ele, "manter meus associados ativos e engajados em espírito de perfeita harmonia". Ele salientou que a coordenação de esforços conhecida como cooperação não é a mesma coisa que MasterMind, porque não necessariamente se baseia na perfeita harmonia.

O SEGREDO DE HENRY FORD

A aliança de MasterMind entre Henry Ford e a esposa foi o real segredo do sucesso de Ford. Quando enfrentou problemas para construir o primeiro modelo do seu automóvel, Ford pediu a um fundidor local que produzisse o equivalente a US$ 30 em peças e esperasse até o fim do mês pelo dinheiro. O fundidor negou. Quando a Sra. Ford ficou sabendo, convenceu o marido a pegar o dinheiro "emprestado" de uma pequena poupança que mantinham em conjunto, o que ele fez sob protesto. Por causa dessa aliança de MasterMind, a gigante companhia Ford veio a existir.

Talvez a maior aliança de MasterMind da história tenha sido aquela entre o Nazareno e seus discípulos. E a tragédia sobreveio quando um dos aliados traiu o líder, assim como sobrevém em qualquer negócio, relação profissional ou casamento quando um dos membros da aliança se torna negativo e quebra a condição de perfeita harmonia.

O mais importante documento já redigido, a Declaração da Independência, foi assinado por 56 homens corajosos em uma aliança de MasterMind.

Arthur Murray e a esposa, Kathryn, que operam uma rede de estúdios de dança por todo o país, são um fantástico exemplo do poder do MasterMind em ação. O mesmo acontece com as estrelas de cinema e televisão Roy Rogers e Dale Evans. Por meio de uma harmoniosa relação espiritual de MasterMind, o casal superou uma grave tragédia pessoal e levou esperança para milhares. Quando a morte levou sua pequena filha deficiente mental, Dale e Roy transformaram sua dor em uma forma de ajudar outras crianças deficientes.

Trabalhando em harmonia

O presidente dos Estados Unidos e seu gabinete constituem uma das maiores e mais poderosas alianças de MasterMind do mundo. A relação de trabalho entre o governo federal e o dos estados é outro exemplo de poder por meio da aliança de MasterMind.

Todas as conquistas humanas acima da média são resultado de trabalhos coletivos em espírito de harmonia – o princípio do MasterMind.

Lee S. Mytinger e William S. Casselberry, de Long Beach, Califórnia, formaram uma aliança de MasterMind há cerca de dez anos para distribuir um suplemento alimentar conhecido como Nutralite. Desde então, estenderam a aliança de MasterMind, que hoje inclui vários milhares de distribuidores de Nutralite. As vendas anuais estão em torno de US$ 30 milhões, e tudo começou praticamente sem capital.

Você também pode atingir o sucesso por meio de uma aliança de MasterMind. Ao se aliar com pelo menos mais uma pessoa em espírito de perfeita harmonia para atingir um objetivo comum, você pode chegar a alturas difíceis de alcançar sozinho.

ARTIGO 8

TENHA FÉ EM SI MESMO

Extraímos poder de nosso reservatório interior

Em uma cabana de um cômodo só no Kentucky, um menininho aprendia a escrever junto à lareira. Usava as costas de uma pá de madeira como lousa e um pedaço de carvão como lápis. Uma mulher bondosa estava ao seu lado, encorajando-o a continuar tentando. Essa mulher era sua madrasta.

O menino cresceu sem mostrar sinais de grandeza. Estudou direito, mas o sucesso na profissão foi escasso. Tentou ser comerciante, entrou para o exército, mas não fez nada digno de nota em nenhuma das atividades. Tudo que ele tocava parecia definhar em fracasso. Contam então que um grande amor entrou em sua vida, mas acabou com a morte da amada. Contudo, a dor causada por essa morte foi fundo na alma desse homem e fez contato com o poder secreto que só vem de dentro.

O homem agarrou esse poder e o fez funcionar. Tal poder fez dele presidente dos Estados Unidos, acabou com a escravidão na América e salvou a União da dissolução.

Faça o poder funcionar

O poder que vem de dentro do indivíduo não conhece classe social, obstáculos insuperáveis ou problemas insolúveis. É tão acessível aos pobres e humildes quanto aos ricos e poderosos. É tido por todos que pensam de forma precisa. Ninguém pode fazê-lo funcionar senão o próprio indivíduo.

Que medo estranho é esse que invade a mente das pessoas e impede o acesso ao poder secreto que pode levar a altos graus de realização? Como e por que a maioria das pessoas se torna vítima de um ritmo negativo hipnótico que destrói a capacidade de usar o poder secreto de sua mente?

O caminho para acessar todo esse poder interior foi mapeado. É o mesmíssimo caminho seguido por todos os grandes líderes que contribuíram para a construção do estilo de vida americano.

Como ter acesso ao poder

"Como se pode acessar o poder que vem de dentro?", você pergunta. Vamos ver como outras pessoas chegaram até ele.

Um jovem clérigo chamado Frank Gunsaulus por muito tempo desejou construir um novo tipo de faculdade. Ele sabia exatamente o que queria, mas o problema era que precisava de US$ 1 milhão em dinheiro. Gunsaulus decidiu conseguir o milhão de dólares! A tomada de decisão, baseada na definição de propósito, constituiu o primeiro passo do plano. Ele então escreveu um sermão chamado "O que eu faria com um milhão de dólares" e anunciou nos jornais de Chicago que pregaria sobre esse assunto no domingo seguinte.

No fim do sermão, um homem que o pregador nunca tinha visto antes foi até o púlpito e disse: "Gostei do seu sermão. Venha até o meu escritório e darei o milhão de dólares de que você precisa". O estranho era Philip Armour, fundador do frigorífico Armour & Co.

Esse é o resumo do que aconteceu, e o poder que tornou tudo possível foi a fé aplicada – fé apoiada por ações, não uma mera fé passiva.

Fé aplicada

Quando compreendida da maneira certa, a fé é sempre ativa, não passiva. Fé passiva tem a mesmo força de um dínamo desligado. Para gerar força, a máquina deve ser colocada em funcionamento. A fé ativa não conhece medo nem limitações autoimpostas. Reforçado pela fé, o mais fraco dos mortais se torna mais forte do que os desastres e fracassos, mais poderoso do que o medo.

As emergências da vida muitas vezes colocam os indivíduos em encruzilhadas nas quais são forçados a escolher entre as estradas da fé ou medo. Por que a grande maioria acaba por pegar a estrada do medo? A escolha depende da atitude mental de cada um, e o Criador concebeu os poderes humanos de forma que cada indivíduo controle a sua atitude mental.

A estrada da fé

A pessoa que pega a estrada da fé é aquela que condicionou sua mente a acreditar. Condicionou de pouco em pouco, com decisões e ações imediatas e corajosas nas minúcias do trabalho cotidiano. Quem pega a estrada do medo faz isso porque negligenciou o condicionamento da mente a uma atitude mental positiva.

Procure até encontrar o ponto de acesso ao poder secreto que vem de dentro. Quando encontrá-lo, você terá descoberto o seu verdadeiro eu – aquele "outro eu" que faz uso de todas as experiências da vida. Então, quer você crie uma ratoeira melhor, escreva um livro melhor ou pregue um sermão melhor, o mundo irá bater em sua porta, reconhecerá o seu trabalho e o recompensará de forma adequada. O sucesso será seu, independentemente de quem você é ou de qualquer que tenham sido a natureza e o âmbito de seus fracassos passados.

ARTIGO 9

DESENVOLVA UMA PERSONALIDADE AGRADÁVEL

A MENTE AGRADÁVEL É A MELHOR POSSE

Sua personalidade é o mostruário do que você tem a oferecer. Felizmente, uma personalidade agradável pode ser desenvolvida por qualquer um que tenha autodisciplina suficiente para descobrir suas falhas e corrigi-las. Quando esse trabalho é bem feito, a personalidade agradável pode se tornar a maior posse de quem a tem – porque com ela qualquer um pode se fazer na vida em seus próprios termos.

Franklin D. Roosevelt criou sua personalidade com tanto cuidado que esta fez dele um dos presidentes mais populares que já tivemos. Funcionou tão bem que garantiu a ele quatro mandatos presidenciais. O presidente Eisenhower, com sua cordialidade sincera, é outro exemplo das alturas que se pode alcançar por meio de uma personalidade agradável.

Sua personalidade consiste na soma de todos os traços mentais e físicos que o distinguem dos outros, para melhor ou pior. É o principal fator determinante para gostarem ou não de você. É o meio pelo qual você abre caminho na vida. E é o que determina sua capacidade de negociar com os outros para obter cooperação amigável.

BÔNUS PELA PERSONALIDADE

A personalidade agradável de Charles M. Schwab o elevou de trabalhador comum a executivo de alto nível com salário anual de US$ 75 mil, e frequentemente ele recebia um bônus de US$ 1 milhão. Seu chefe, Andrew Carnegie, dizia que o salário anual era pelo trabalho que Schwab fazia, mas o bônus era pelo que Schwab, com sua personalidade agradável, conseguia que os outros fizessem.

Se você quer uma "personalidade de um milhão de dólares", pode consegui-la da seguinte forma:

1. Desenvolva uma atitude mental positiva e faça com que seja visível e sentida pelos outros.
2. Treine sua voz para ser agradável, falando sempre em um tom cuidadosamente amigável.
3. Mantenha-se alerta e disposto a ouvir quando outras pessoas estiverem conversando com você. "Falar para alguém" pode massagear o ego, mas não atrai as pessoas e não faz amigos.
4. Seja flexível em todas as relações com os outros. Ajuste-se a todas as circunstâncias, agradáveis ou não, sem perder a compostura ou a serenidade. Lembre-se de que o silêncio pode ser muito mais efetivo do que palavras raivosas.
5. Desenvolva a paciência. Lembre-se de que falar e agir na hora certa pode dar uma grande vantagem em relação a pessoas impacientes. Se você é vendedor, talvez você deva ler a frase anterior duas ou três vezes.
6. Mantenha a mente aberta para todos os assuntos e pessoas. Oportunidades favoráveis nunca derrubam as portas das mentes fechadas. Intolerância não leva à sabedoria.
7. Aprenda a sorrir enquanto fala com os outros para que percebam que você é uma pessoa amigável. O "sorriso de um milhão de dólares" de Franklin D. Roosevelt era sua maior qualidade.
8. Tenha tato ao falar e agir. Tenha em mente que nem todos os seus pensamentos devem ser expressados, ainda que sejam verdade.
9. Seja rápido nas decisões assim que tiver todos os fatos necessários em que se basear. Lembre-se: a procrastinação mostra aos outros um traço negativo de caráter de algum modo associado ao medo.
10. Realize pelo menos uma boa ação por dia, ajudando ou elogiando uma ou mais pessoas sem esperar recompensa. Observe como sua lista de amigos crescerá depressa!
11. Quando se deparar com a derrota, em vez de ficar se remoendo, procure com cuidado a "semente de um benefício equivalente" que ela com certeza traz. Expresse gratidão por ter ganhado uma quantidade de sabedoria que não viria sem a derrota.
12. Lembre-se sempre de que a pessoa com quem você fala é a pessoa mais importante do mundo naquele momento. Você pode conquistar a boa vontade dela ao fazer perguntas e dar a ela a chance de falar.
13. Elogie as qualidades alheias, mas não distribua elogios que não são merecidos, nem exagere.

14. Finalmente, tenha alguém em quem confiar, que tenha a coragem de ser honesto com você e de apontar características de sua personalidade sem as quais você ficaria melhor.

ARTIGO 10

USE A INICIATIVA PESSOAL

COMO DESENVOLVER SUA INICIATIVA

"Aja e você terá o poder", disse Emerson. Seria difícil nomear um hábito humano mais destrutivo do que a procrastinação – deixar para amanhã o que deveria ter sido feito na semana passada. Iniciativa pessoal é a única cura para a procrastinação.

Pessoas bem-sucedidas em todas as esferas da vida são indivíduos que pensam e atuam com base na iniciativa pessoal. Há duas formas de ação: (1) por escolha e (2) por força da necessidade.

Vivemos em um país conhecido no mundo todo pelo abundante privilégio da liberdade pessoal, disponível igualmente para ricos e pobres. Esse é talvez o fator mais importante em nosso sistema de livre-iniciativa. O privilégio da iniciativa pessoal foi considerado tão importante que é garantido especificamente a todo cidadão norte-americano pela Constituição. E é tão importante que todo empreendimento bem-administrado reconhece e recompensa de maneira apropriada indivíduos que usam sua iniciativa em benefício dos negócios.

Demissão recusada

Quando Andrew Carnegie era um jovem escriturário no gabinete do superintendente de divisão da Pennsylvania Railroad Co. em Pittsburgh, chegou ao escritório certa manhã antes do chefe e descobriu que havia acontecido um grave acidente ferroviário na periferia da cidade. Tentou freneticamente encontrar o chefe por telefone.

Por fim, no desespero, tomou uma atitude que sabia que poderia significar sua demissão automática devido às regras severas da companhia. Reconhecendo que cada minuto de atraso custava uma fortuna à empresa, mandou um telegrama para o condutor do trem acidentado ordenando o que ele deveria fazer. E assinou com o nome do chefe.

Quando o chefe chegou à sua mesa várias horas mais tarde, encontrou a carta de demissão de Carnegie e a explicação do que havia feito. O dia passou e nada aconteceu. No dia seguinte, a carta de demissão foi devolvida a Carnegie com as seguintes palavras escritas em vermelho sobre a folha: "DEMISSÃO RECUSADA!".

Vários dias depois, o chefe chamou Carnegie ao seu escritório e disse: "Rapaz, existem dois tipos de pessoas que nunca progridem nem chegam a lugar nenhum. Um é o sujeito que não cumpre as ordens que recebe, e o outro é o que não faz nada além de cumprir as ordens que recebe". Foi um sermão sobre iniciativa pessoal em uma frase curta. Você pode copiar e colar no espelho, onde possa ver diariamente.

Faça a ideia dar lucro

Há alguns anos, George Stefek, de Chicago, convalescia no Hines Veterans Hospital. Enquanto estava lá deitado, teve uma ideia. Foi uma ideia simples. Qualquer um poderia ter tido! Mas o importante é que Stefek a pôs em prática assim que saiu do hospital. Hoje ele é generosamente compensado.

Stefek notou que as camisas voltavam da lavandeira acondicionadas com um pedaço de papelão em branco, para não amassar. Ele descobriu que esses papelões custam US$ 3 o milheiro à lavanderia. A ideia de Stefek foi vender espaço de publicidade nesses papelões. Assim, poderia vender o milheiro por US$ 1 às lavanderias. Agora as lavanderias economizam dinheiro, os anunciantes têm um novo veículo para alcançar seu público-alvo, e a American Shirtboard Advertising Co. de George Stefek é uma empresa próspera.

Surge o supermercado

Clarence Saunders, de Memphis, Tennessee, viu uma longa fila de pessoas esperando para se servir em um novo tipo de restaurante – uma lanchonete. Pôs a imaginação a funcionar e criou um plano para usar o sistema de autoatendimento na mercearia onde trabalhava.

Quando expôs a ideia para o dono da mercearia, foi informado de que recebia um salário para empacotar e entregar os produtos, não para perder tempo com ideias bobas e impraticáveis. Clarence largou o emprego e executou o plano do mercado *self-service* sob o nome de Piggly Wiggly. O plano rendeu cerca de US$ 4 milhões nos quatro primeiros anos. Além disso, foi adotado por outros comerciantes e hoje é o método de comércio dos nossos grandes supermercados.

Ao conceder aos homens o controle absoluto sobre seu poder de pensamento, o Criador sem dúvida pretendia que eles usassem a prerrogativa por meio da iniciativa pessoal. O manjado álibi do procrastinador – "não tive tempo" – provavelmente causou mais fracassos do que todos os demais álibis juntos. O homem que se destaca e cria um lugar para si sempre encontra tempo para avançar sua iniciativa pessoal em qualquer direção necessária para seu progresso ou benefício.

ARTIGO 11

SEJA ENTUSIÁSTICO

O entusiasmo é a chave de muitas portas

"Nada de grandioso jamais foi realizado sem entusiasmo", disse Emerson. No grande tabernáculo mórmon de Salt Lake City, um orador convidado deveria falar por 45 minutos. Falou por mais de duas horas. Quando terminou, dez mil homens e mulheres o ovacionaram em pé por cinco minutos. O que disse o orador? Isso não é tão importante quanto a maneira como ele disse! A plateia foi arrebatada pelo entusiasmo do orador. É de se duvidar que alguém ali lembrasse uma palavra do que ele disse.

Louis Victor Eytinge cumpria uma sentença perpétua na prisão estadual do Arizona. Não tinha amigos. Não tinha advogado nem dinheiro. Mas tinha entusiasmo, que usou de forma tão eficiente que o colocou em liberdade. Eytinge escreveu uma carta para a Remington Typewriter Company contando sua atribulação e pedindo que lhe vendessem uma máquina a crédito. A companhia fez melhor que isso: deu a máquina.

Eytinge começou a escrever para empresas pedindo seus materiais de vendas, que ele reescrevia e devolvia. Sua edição de textos era tão eficiente que logo ele conseguiu dinheiro suficiente, mediante doações voluntárias, para contratar um advogado.

O trabalho de Eytinge chamou a atenção de uma grande agência de publicidade de Nova York, que, junto com o advogado, obteve o perdão para ele. Ao sair da penitenciária, ele foi abordado pelo diretor da agência, que o cumprimentou dizendo: "Ora, Eytinge, seu entusiasmo foi mais poderoso que as grades de ferro dessa prisão". A agência de publicidade tinha um emprego para ele. O salário era de US$ 10 mil anuais.

Aluguel em Miami

Durante a recente escassez imobiliária, W. Clement Stone, de Chicago, presidente da Combined Insurance Company of America, levou a família para passar férias em Miami. Quando procurou uma imobiliária para alugar uma casa, o corretor riu.

"Ah", exclamou o corretor, "não tem como alugar uma casa nessa cidade, nem por amor, nem por dinheiro."

Stone sorriu e respondeu:

"Espere só para ver!"

Enquanto isso, a família aguardava no saguão de um hotel. Stone chamou um táxi e começou uma busca sistemática pela cidade. Em pouco tempo, viu uma grande propriedade, cercada por uma imensa grade de ferro, com uma placa de "vende-se". Conseguiu o nome do proprietário com o zelador, telefonou para o homem, que estava em outra cidade, e o convenceu a alugar o imóvel por um preço bem modesto, argumentando que uma casa ocupada seria vendida mais depressa do que uma casa vazia.

Duas coisas garantiram o sucesso. Uma boa conversa de vendedor e entusiasmo! A lógica sozinha não teria conseguido nada.

Pensamentos, palavras e ações

Oral Roberts e Billy Graham, pregando para plateias sem precedentes no mundo todo, estão obtendo conversões para o cristianismo em números inacreditáveis. Tire o entusiasmo de seu ministério, e eles perderiam toda a eficiência.

Clarence Darrow talvez tenha sido o maior advogado que esta nação já produziu. Seu sucesso era consequência, em grande parte, de uma grande capacidade de se expressar com entusiasmo e de provocar entusiasmo em seus ouvintes nos tribunais e júris. Com relação ao conhecimento da lei, Darrow não era melhor que a maioria dos advogados de seu tempo.

Alguém disse – quisera ter sido eu – que "há regozijo no céu e ranger de dentes no inferno quando o grande Deus põe na Terra um homem com capacidade ilimitada de uso da fé e do entusiasmo". Como alguém fica entusiasmado? Agindo com entusiasmo em pensamentos, palavras e ações.

Um corretor de seguros de vida, que talvez seja o maior vendedor em seu ramo, manda para si mesmo todas as noites um telegrama que estará na mesa do café na manhã seguinte. A mensagem diz quantas apólices ele vai vender naquele dia. E ele vende. Às vezes ultrapassa o número estabelecido. Os telegramas são assinados como "Doutor Entusiasmo". Se você acha esse plano fantástico, ou até tolo, saiba que esse homem lidera todos os outros vendedores em uma das maiores seguradoras dos Estados Unidos.

ARTIGO 12

CONTROLE SUA ATENÇÃO

Mente focada, a marca do líder

A característica humana que talvez se destaque sobre todas as outras como um fator auxiliar para o sucesso é o hábito fixado de aumentar a força de vontade em vez de desistir quando as coisas ficam difíceis e a derrota parece iminente. O desenvolvimento desse hábito começa com a adoção de um objetivo definido atiçado pelo calor do entusiasmo mediante pensamento preciso, fé aplicada e autodisciplina.

O sucesso de Henry Ford foi em grande parte consequência de ele ter concentrado todos os recursos – espirituais, mentais, físicos e financeiros – em seu principal objetivo definido: a fabricação de um automóvel confiável e barato. Sua determinação foi ilustrada quando Ford deu aos engenheiros uma ordem para projetarem um motor monobloco em vez de em dois blocos, como era comum.

"Impossível", disseram os engenheiros.

"Vocês usam essa palavra com muita facilidade!", explodiu Ford. "Tentem!"

Passou-se um mês, e nada de motor monobloco. Ford reuniu os engenheiros e disse: "Cavalheiros, se eu não tiver um motor monobloco em uma semana, terei uma nova equipe de engenheiros para ocupar o lugar de vocês".

O monobloco apareceu depressa.

O comediante Danny Thomas tentou durante anos encontrar um jeito de permanecer no *show business* que tanto amava e ainda assim voltar para casa e para a família todas as noites. Concentrando-se nesse objetivo com uma disposição de intensa fé aplicada, ele encontrou a resposta para seu desejo por meio da televisão.

As pessoas mais bem-sucedidas em todas as vocações são aquelas com uma mentalidade unidirecionada, isto é, uma mente controlada e concentrada em uma coisa de cada vez.

Quando Martin W. Littleton era um rapaz, entrou no armazém geral de sua pequena cidade natal no Texas, onde vários cidadãos se aqueciam perto do fogão. "Martin", perguntou um dos homens zombando dele, "o que você vai ser quando crescer?" Littleton encarou o debochado e respondeu: "Vou ser o melhor advogado dos Estados Unidos". Concentrando-se no estudo das leis, Martin Littleton honrou a afirmação. Tornou-se o advogado mais bem pago do país, contratado por muitas corporações de grande porte, como a Standard Oil.

F. W. Woolworth concentrou-se nas lojas de cinco e dez centavos e ficou incrivelmente rico. Marconi concentrou-se no estudo da comunicação sem fio e viveu para ver seu esforço servir de base para o rádio, a televisão e o radar. Noah Webster concentrou-se e nos deu o dicionário moderno de inglês.

Alcance ilimitado

A gama de objetivos para os quais um homem pode direcionar a mente por meio da concentração é ilimitada. Todas as criaturas vivas abaixo do homem concentram seus esforços em dois propósitos – reprodução e alimentação.

Outras manifestações físicas da lei da concentração são vistas no sol que se põe e nasce com regularidade ininterrupta, na água que corre encosta abaixo em resposta à lei da gravidade, nas estações do ano que chegam inevitavelmente e em cada ser vivo, inclusive o homem, ao se reproduzir. Aqui está a evidência de que a lei da concentração não é feita pelo homem, pois nenhum esforço humano alguma vez interrompeu qualquer uma dessas manifestações do propósito do Criador.

Determine o que você mais deseja da vida. Adote esse desejo como seu principal objetivo definido. Faça do lugar onde está o ponto de partida rumo ao objetivo. Quando chegar àquelas subidas onde o progresso é difícil, ampare-se no entusiasmo ao seu dispor e continue! Você vai se descobrir no caminho certo.

Você estará sob o "holofote do sucesso" que o guiará diretamente a seus objetivos e propósitos. Tente! Funciona.

ARTIGO 13

TRABALHE COM SUA EQUIPE

A regra de ouro é a chave para a cooperação

Existem dois tipos de cooperação. Um se baseia no medo ou na necessidade. O outro, na boa vontade espontânea. A cooperação é indispensável em casa, no trabalho e na vida social. É uma necessidade absoluta em nossa forma de governo e no sistema da livre-iniciativa. O trabalho em equipe só pode ser executado mediante o estabelecimento de um motivo apropriado para induzir a coordenação amigável de esforços.

O método de Andrew Carnegie para inspirar o trabalho em equipe mostrou-se irretocável. Primeiro, ele estabelecia um motivo monetário na forma de promoções e bônus adequados ao trabalho de cada um, de modo que uma parte do rendimento do indivíduo dependesse do tipo de serviço prestado. Segundo, ele nunca repreendia nenhum empregado abertamente, mas levava o empregado a se repreender fazendo perguntas cuidadosamente direcionadas. Terceiro, ele nunca tomava decisões por seus executivos. Ele os incentivava a tomar decisões e se responsabilizar pelos resultados.

Sucesso de alto nível

O sucesso nas realizações de alto nível só é atingido por meio do trabalho em equipe. Isso significa dar cooperação, bem como receber. Líderes egoístas terão pouca cooperação dos subordinados porque cooperação é como amor, no sentido de que é preciso dar para receber.

Qualquer pessoa que já tenha voado pela Capital Airlines deve ter notado a disposição amável da tripulação, que contagia os passageiros. Essa amabilidade não é acidental. Ela emana do presidente da Capital Airlines e de seu assistente e segue hierarquia abaixo até o cargo mais humilde.

A mesma cooperação amigável é evidente na Eastern Air Lines, do capitão Eddie Rickenbacker, reconhecido como um líder que inspira o trabalho em equipe. Durante a Primeira Guerra Mundial, na qual Rickenbacker derrubou pessoalmente 26 aviões alemães, sua liderança inspirou o famoso esquadrão "Hat in the Ring" ao auge da glória. Na Segunda Guerra Mundial, seu exemplo forjou um grupo de aviadores em uma equipe e os conduziu em segurança quando ficaram à deriva em um bote aberto no Pacífico por quase um mês.

Influenciar os outros

William James, professor da Universidade de Harvard, uma vez disse: "Se você consegue influenciar outras pessoas a cooperar com você em espírito amigável, consegue qualquer coisa que queira com pouca ou nenhuma resistência". Uma afirmação bastante ampla, mas verdadeira.

Examine a essência de corporações bem-sucedidas como a Bell Telephone Co. ou qualquer companhia de energia elétrica e você vai descobrir que o trabalho em equipe, inspirado de cima para baixo, é o que as faz "pulsar". Sempre que encontrar uma equipe esportiva que se destaque, você vai observar que o crédito não é de uma pessoa só, a menos que seja do treinador que inspira seus jogadores a submeter a glória pessoal ao sucesso do time. Knute Rockne, da Notre Dame, foi um exemplo maravilhoso de líder capaz de inspirar o trabalho em equipe.

É difícil oferecer uma interpretação adequada dos motivos que induzem o trabalho em equipe amigável sem chamar a atenção para o Sermão da Montanha. Nunca foi descoberto um jeito melhor de obter cooperação amigável do que a aplicação da Regra de Ouro.

Existe uma lei de reciprocidade que tem um aspecto negativo – a lei da retaliação. As leis da reciprocidade estão profundamente assentadas na natureza do homem. Por meio delas, o significado da passagem bíblica "o que o homem semear, isso também colherá" se torna cristalino. Porque é verdade que o que você faz para ou por outra pessoa faz por ou para você.

Trabalhe bem com sua equipe, e sua equipe o levará ao sucesso.

ARTIGO 14

APRENDA COM A DERROTA

Recuar muitas vezes significa vitória

Cada adversidade, cada fracasso e cada experiência desagradável trazem em si a semente de um benefício equivalente que pode se revelar uma bênção disfarçada. Fracasso e derrota são a linguagem com que a natureza fala com todos os homens e os faz adotar uma disposição humilde para poder adquirir sabedoria e compreensão.

Um homem sábio uma vez disse que seria impossível viver com uma pessoa que nunca tivesse experimentado o fracasso ou a derrota em nenhum de seus propósitos. Esse homem também descobriu que as pessoas conquistam o sucesso quase que na mesma proporção em que encontram e superam adversidades e derrotas. Ele fez mais uma descoberta importante: a de que realizações realmente grandiosas foram conquistadas por homens e mulheres com mais de 50 anos. Na opinião desse homem, a fase mais produtiva das pessoas envolvidas em trabalho mental situa-se entre os 60 e 70 anos de idade.

Abraham Lincoln perdeu a mãe ainda criança. "Não há semente de benefício equivalente nisso", alguns podem dizer. Mas a perda deu a ele uma madrasta cuja influência o encheu de ambição para se educar e progredir na vida.

Exemplos de superação

Marshall Field perdeu sua loja no grande incêndio de Chicago e com ela quase todo o seu dinheiro. Apontando para as cinzas fumegantes, ele disse: "Neste mesmo lugar vou construir a maior loja varejista do mundo". A grande Marshall Field & Co. que hoje ocupa a esquina das ruas State e Randolph atesta que a semente de um benefício equivalente reside em cada adversidade. Às vezes é preciso coragem, fé e imaginação para revelar a semente e fazê-la germinar na flor do benefício. Mas ela sempre está lá.

Considere, por exemplo, o caso de Michael L. Benedum, que aos 86 anos é o maior prospector de petróleo do mundo, com uma fortuna pessoal de mais de US$ 100 milhões. Pergunte qual o segredo de seu sucesso, e Mike Benedum dirá: "Aprendi a seguir reto em frente quando as coisas ficam difíceis". Por exemplo, ele mal havia juntado sua primeira fortuna, quando ouviu um mau conselho e perdeu até a camisa.

Benedum transformou a derrota em vitória, aprendendo uma boa lição: confiar no próprio julgamento para tomar decisões cruciais. Assim, seguiu "reto em frente" e descobriu mais reservas de petróleo pelo mundo do que o total de petróleo usado pela humanidade em toda a história.

Em 1920, a adversidade atingiu Benedum outra vez, quando ele fracassou em uma tentativa de encontrar reservas de óleo produtivas nas Filipinas. Benedum se levantou dizendo: "Faz parte do jogo. Não se pode encontrar petróleo em todos os lugares. Se fosse assim, não haveria nenhuma diversão em prospectar".

A sociedade norte-americana é repleta de exemplos de pessoas que conquistaram fama e fortuna superando a adversidade. Nem mesmo enfermidades ou deficiências físicas devem ser impedimento, como demonstraram Franklin D. Roosevelt, Theodore Roosevelt, Helen Keller e Thomas Edison.

Aprenda com a derrota, como fez Richard M. Davis de Morgantown, na Virgínia Ocidental, que batalhou para ascender no ramo de mineração de carvão e perdeu tudo, inclusive casa e mobília, na Depressão. Davis aprendeu que sua reputação, que ele salvou se negando a declarar falência, era seu maior bem. Contando apenas com sua reputação, ele superou o desafio da adversidade e pagou a dívida de quase US$ 150 mil. Hoje é presidente da Davis-Wilson Coal Co. em Morgantown; além de rico, é um dos líderes reconhecidos da luta pela paz internacional.

Fatos da vida

Você pode seguir o holofote do sucesso aprendendo a descobrir a semente de um benefício equivalente em cada um de seus obstáculos e a construir a partir dessa semente. Dois importantes fatos da vida se destacam audaciosamente: (1) alguma forma de derrota acomete cada um de nós inevitavelmente em algum momento e (2) cada adversidade traz a semente de um benefício equivalente, muitas vezes de alguma forma oculta.

A partir da análise desses dois fatos, não é difícil reconhecer que o Criador pretende que cada pessoa adquira força, compreensão e sabedoria por meio do esforço. Adversidade e derrota levam o indivíduo a desenvolver suas aptidões e seguir em frente.

É difícil reconhecer o potencial de um benefício equivalente em nossas adversidades enquanto ainda estamos sofrendo com os ferimentos. Mas o tempo, o maior curador, mostrará tal benefício àqueles que procurarem e acreditarem sinceramente que o encontrarão.

ARTIGO 15

CULTIVE A VISÃO CRIATIVA

Visão criativa é sexto sentido

Você tem a seu dispor o poder da imaginação em duas formas. Uma é conhecida como imaginação sintética e consiste em ideias, conceitos, planos ou fatos conhecidos arranjados em uma nova combinação. A outra é conhecida como imaginação criativa; ela opera pelo sexto sentido e serve como meio pelo qual fatos ou ideias basicamente novos são revelados. Também é o meio para a inspiração.

Thomas A. Edison usou a imaginação sintética para inventar a lâmpada elétrica incandescente, juntando dois princípios bem conhecidos de uma nova maneira. Muito antes de Edison, sabia-se que a luz podia ser produzida pela eletricidade aplicando a energia a um fio e produzindo um circuito. Mas ninguém havia encontrado um jeito de impedir o metal de queimar rapidamente.

Edison descobriu como resolver o problema aplicando o princípio da produção de carvão, que consiste em colocar fogo na madeira, depois cobrir com terra para deixar oxigênio suficiente apenas para manter o fogo latente, sem chamas. Usando o princípio de que nada pode queimar sem oxigênio, Edison colocou um fio dentro de uma garrafa, de onde extraiu todo o ar. Depois aplicou eletricidade aos fios expostos e pronto! Surgiu a primeira lâmpada elétrica incandescente.

Elmer R. Gates, de Chevy Chase, Maryland, nos dá um bom exemplo de imaginação criativa. Ele tinha mais patentes em seu nome que Edison. A maioria foi aperfeiçoada pela aplicação do sexto sentido, que ele desenvolveu em alto grau. Fechando-se em uma sala à prova de som e apagando as luzes, Gates conseguia eliminar todas as interferências físicas para se concentrar na obtenção da informação desejada. Quando a informação surgia pelo sexto sentido, ele acendia as luzes e a anotava na hora. Estranhamente, às vezes eram reveladas ideias pelas quais Gates não estava procurando, fato responsável em larga escala pelo grande número de invenções por ele aperfeiçoadas.

Sexto sentido

Os cinco sentidos são sua forma de contato com o mundo físico e tornam disponíveis a natureza e utilidades desse reino. Mas o sexto sentido, que funciona a partir do inconsciente da mente, é o que faz contato com as forças invisíveis do universo. Ele disponibiliza o conhecimento que não se pode adquirir por meio dos limitados sentidos físicos.

R. G. LeTourneau, industrialista de renome mundial, opera quase milagres na produção de máquinas que os engenheiros mais astutos dizem ser praticamente impossíveis, embora tenha pouco ou nenhum conhecimento técnico em mecânica. Ele usa um sistema semelhante àquele empregado por Edison e produz equipamentos mecânicos que fazem tudo, menos falar.

George Parker, fundador da famosa Parker Pen Co., levou seu empreendimento a um nível invejável de realização usando o sexto sentido. Dizem que George Eastman, famoso fabricante de câmeras, conquistou o sucesso da mesma maneira.

Visão criativa

O sexto sentido da visão criativa se torna mais confiável por meio do uso regular sistemático, como os cinco sentidos físicos. Todas as pessoas de maior sucesso têm algum sistema para condicionar a mente para chegar ao "holofote do sucesso" e se manter nele. Algumas pessoas bem-sucedidas usam um sistema de condicionamento mental sem reconhecer o que estão fazendo.

Foi a visão criativa que promoveu o estabelecimento do luxuoso Fontainebleau Hotel em Miami Beach. O hoteleiro Ben Novack chegou a Miami em 1940 com apenas US$ 1,8 mil e um sonho! Seu sonho era erguer um belo *resort* que seria conhecido no mundo todo pelo conforto e relaxamento oferecidos. Juntando criteriosamente seus escassos recursos ao entusiasmo com que transmitia seu sonho aos investidores, Novack pôs sua visão criativa para trabalhar até ver o Fontainebleau abrir as portas para o primeiro hóspede.

Clarence Birdseye, caçador de peles em Labrador, uma vez experimentou um repolho que havia congelado acidentalmente. Da experiência ele tirou a ideia de comercializar alimentos congelados.

Ponha os sonhos para trabalhar

Você está fazendo seus sonhos trabalharem por você por meio da visão criativa, como fizeram Ben Novack e Clarence Birdseye?

Um método muito eficiente de usar o sexto sentido é escrever uma descrição clara e concisa do problema que você quer resolver ou do objetivo que deseja alcançar. Repita essa anotação várias vezes por dia na forma de uma prece. A prece deve ser baseada em fé inabalável tão definida e forte que você já consiga se ver de posse do objetivo.

Se na primeira tentativa esse método não trouxer os resultados desejados, continue tentando. Todas as vezes, expresse gratidão como se já houvesse alcançado seu objetivo, embora ainda não tenha se apoderado fisicamente dele.

A chave mestra para o sucesso está na sua capacidade de acreditar que vai conseguir. Lembre-se, o que sua mente pode conceber e acreditar, sua mente pode alcançar.

ARTIGO 16

ORGANIZE SEU TEMPO E DINHEIRO

Poupe horas para ganhar dólares

John Wanamaker, o rei do comércio na Filadélfia, uma vez disse: "O homem que não tem um sistema fixo para o uso apropriado de seu tempo e dinheiro nunca terá segurança financeira, a menos que tenha um parente rico que deixe uma fortuna de herança".

O tempo é um de seus maiores bens! É o único que você pode transformar em qualquer forma de riqueza que escolher. Ou então pode desperdiçá-lo todo sem plano ou propósito além de garantir alimento e abrigo.

Se você quer ter uma vida equilibrada e bem-sucedida, precisa reconhecer a necessidade de uma agenda sistemática para direcionar seu tempo para fins que garantirão o sucesso. O tempo de uma pessoa comum pode ser dividido em três partes: uma para dormir, uma para trabalhar e uma para recreação.

A boa saúde exige pelo menos oito horas diárias de sono para a pessoa comum. De oito a dez horas diárias são requisitadas para o trabalho. Isso deixa de seis a oito horas por dia de tempo livre para ser usado como o indivíduo quiser. Essa é a parte mais importante do dia no que diz respeito à conquista pessoal. É ela que dá oportunidade para o aperfeiçoamento e a educação pelas quais suas horas de trabalho poderão ser vendidas a um preço mais alto. A pessoa que usa seu tempo livre unicamente para o prazer pessoal e o lazer nunca será um sucesso em nada.

O período de sono é necessário para a saúde. Por isso, não reduza esse tempo. O período de trabalho requer todos os pensamentos e atos para o cumprimento de deveres específicos. Portanto, a única oportunidade que ele oferece para o aperfeiçoamento pessoal é a modificação da qualidade e quantidade de serviço que você presta.

A importância do tempo livre

Tempo livre é exatamente o que o nome sugere: o tempo que você pode usar como quiser. Durante esse tempo, você pode ou não plantar a semente de oportunidades futuras; além disso, pode fazer a semente germinar e crescer em alguma forma de avanço pessoal.

Henry Crown, industrialista de Chicago, consegue executar uma grande variedade de atividades mediante a organização meticulosa de seu tempo. Não só comanda a vasta Material Service Corporation, como também preside o conglomerado que é dono do Empire State Building.

O tempo livre também pode ser usado de maneira eficiente na companhia de pessoas cuidadosamente selecionadas que possam inspirar e ajudar na conquista do sucesso. "Mostre-me os associados mais próximos de um homem", disse Thomas A. Edison, "e eu lhe direi que tipo de caráter ele tem e aonde vai na vida."

Seu tempo livre é estritamente seu. Se der o devido valor a esse período, você pode usá-lo para construir amizades que serão um bem precioso quando precisar de ajuda. Você deve dividi-lo em várias partes: para aperfeiçoamento pessoal, para recreação e relaxamento, para um hobby.

O tempo livre pode ser chamado apropriadamente de "tempo de oportunidade". Para muitos, é apenas o "tempo do infortúnio", pois é nesse período que muita gente adquire hábitos negativos que afetam de maneira vital seu tempo no trabalho. Tais hábitos incluem, por exemplo, roubar horas de sono para propósitos que não rendem benefícios.

Orçamento do essencial

Como alguém deve orçar o que ganha e o que gasta?

O homem bem-sucedido orça seu dinheiro com o mesmo cuidado com que orça seu tempo. Reserva um valor fixo para despesas com alimentação, vestuário e moradia, seguro, poupança e investimentos, caridade e recreação. O valor dedicado a cada um depende, é claro, da ocupação da pessoa e de seus rendimentos.

Um homem solteiro deve ter uma porcentagem muito maior de renda para economizar do que um homem casado, pois em geral tem menos dependentes. Mas todas as pessoas, homem ou mulher, devem economizar uma porcentagem definida, mesmo que não seja mais que 5%.

Em tempos de emergência, até uma modesta conta bancária pode proporcionar coragem e segurança. Em tempos de prosperidade, ela vai alimentar a autoconfiança e reduzir a ansiedade. A preocupação com questões financeiras pode matar sua ambição... e você!

ARTIGO 17

MANTENHA-SE SAUDÁVEL

Cultive uma atitude mental positiva

O cérebro é o chefe indiscutível do corpo. Um dos requisitos mais importantes para desenvolver boa saúde é manter uma atitude mental positiva. Uma atitude mental negativa é a base perfeita para a hipocondria, para as doenças imaginárias. Uma grande parte do trabalho dos médicos hoje em dia é no campo da psicossomática.

A boa saúde começa com a consciência da boa saúde, assim como a prosperidade financeira começa com a consciência da prosperidade. Como você pode desenvolver a consciência da boa saúde? Pense em termos de boa saúde. Fale em termos de boa saúde. Exercite a moderação em todas as coisas, especialmente no consumo de alimentos e intoxicantes. A atitude mental afeta todas as funções do corpo.

Comida em excesso ou em combinações erradas pode ser tão letal quanto veneno. É claro que você sabe que medo, ansiedade, raiva, inveja, preocupação e ódio durante as refeições podem ser muito prejudiciais.

O veneno da bebida

Bebida alcoólica em excesso ou outros intoxicantes misturados à comida destroem uma parte do valor do alimento e estabelecem condições para a intoxicação. O que é "excessivo" depende de alguma forma de quem consome e de seu estado geral de saúde.

O velho ditado "Tem gente que cava o próprio túmulo com os dentes" não é apenas um comentário engraçadinho. É verdade. O corpo precisa de cada vitamina e mineral essencial. Às vezes é fundamental acrescentar suplementos alimentares e vitaminas à sua dieta, a fim de dar ao corpo a vitalidade e o vigor necessários para conduzi-lo ao sucesso. O alimento saudável deve brotar da terra, que contém todos os elementos minerais necessários nos alimentos para dar a eles os valores essenciais para a manutenção da boa saúde.

A boa saúde pede um estilo de vida equilibrado, para que o "médico invisível" que trabalha dentro do corpo noite e dia tenha tempo para corrigir o estrago que o indivíduo causa ao próprio corpo por negligência ou falta de conhecimento das regras da boa saúde.

Trabalho e lazer

Psiquiatras e psicólogos descobriram que a boa saúde depende em altíssimo grau do equilíbrio entre amor e adoração, trabalho e lazer. Qualquer leigo bem-informado sabe que o trabalho deve ser equilibrado com o relaxamento e o lazer para a manutenção da boa saúde. Mas até recentemente, apenas os especialistas sabiam que o amor e a adoração também devem ser controlados e equilibrados para uma boa saúde.

Aqui vão algumas regras genéricas para ajudar a manter a boa saúde: tenha um médico competente em quem você confie plenamente, submeta-se a um *checkup* completo ao menos uma vez por ano. Se houver alguma causa oculta para doença, o médico provavelmente a encontrará e eliminará. O atestado médico de que você está com perfeita saúde vai lhe dar uma confiança que vale bem mais que o preço da consulta.

Se você não consome todas as vitaminas e minerais necessários em sua dieta regular, peça para um nutricionista competente recomendar tipo e quantidade de suplemento alimentar necessários. Siga rigorosamente as recomendações. Não tente ser seu próprio médico na questão de suplementos alimentares.

Controle sua atitude mental. Siga as dezesseis regras apresentadas nesta coluna, começando com definição de objetivo, fé aplicada, entusiasmo e esforço extra.

Um corpo saudável vai ajudar a conquistar paz mental e prosperidade financeira.

ARTIGO 18

DEIXE OS HÁBITOS TRABALHAREM POR VOCÊ

O HÁBITO É A ESCADA PARA UMA VIDA MAIS RICA

Todos os seus sucessos e fracassos são resultados dos hábitos que você desenvolveu. Há dois tipos de hábitos – aqueles que desenvolvemos deliberada e voluntariamente visando objetivos definidos e aqueles que permitimos que se desenvolvam por circunstâncias aleatórias da vida, devido à falta de uma filosofia organizada ou de um plano de trabalho que proporcione uma vida organizada.

Os dois tipos de hábito funcionam de modo automático uma vez aceitos pelo indivíduo; ambos são diretamente controlados pela grande lei universal que chamo de força cósmica do hábito. Para mim, é bem evidente que a força cósmica do hábito é a controladora geral com que a natureza dirige todas as leis. Por meio dela é mantida a relação entre os átomos da matéria, as estrelas e planetas no céu, as estações do ano, doença e saúde, vida e morte. Pode ser o meio de traduzir o pensamento em seu equivalente físico.

Você sabe, é claro, que a natureza mantém um equilíbrio perfeito entre todos os elementos da matéria e da energia no universo e que essa manutenção é sistemática, automática e organizada. Você pode ver as estrelas e planetas se moverem com ritmo e precisão perfeitos, cada um mantendo seu lugar no tempo e no espaço. Pode ver que um carvalho cresce sempre de uma bolota e que um pinheiro cresce da semente de seu ancestral. E sabe que a natureza nunca comete um engano e faz crescer um pinheiro de uma bolota nem um carvalho da semente de um pinheiro.

Há fatos que você pode ver. Mas você reconhece que eles não acontecem por acaso – alguma coisa tem de fazer com que aconteçam! Essa alguma coisa é o poder que fixa os hábitos e os torna permanentes. O homem é a única criatura a quem o Criador permite o privilégio de fixar os próprios hábitos para satisfazer os próprios desejos.

Somos governados por hábitos, todos nós! Nossos hábitos são fixados pela repetição de pensamentos e atitudes. Portanto, podemos controlar nosso destino terreno e nosso estilo de vida apenas na medida em que controlamos nossos pensamentos. Devemos direcioná-los para a formação do tipo de hábito de que precisamos como um mapa para orientar nossa vida. Bons hábitos que conduzem ao sucesso podem ser ordenados e usados por qualquer indivíduo. Maus hábitos podem ser rompidos e substituídos pelos bons de acordo com a vontade de qualquer um.

O controle humano

Os hábitos de toda criatura viva, exceto os humanos, são fixados pelo que chamamos de "instinto". Isso as coloca sob limitações de que não podem escapar.

O Criador deu ao homem não só controle completo e indiscutível sobre o poder do pensamento, como também os meios para deter esse poder e direcioná-lo para qualquer fim desejado. O Criador também deu ao homem o privilégio pelo qual pensamentos se revestem em seus equivalentes e semelhantes físicos.

Aqui, então, há uma verdade profunda. Com ela você pode abrir portas para a sabedoria e viver uma vida organizada, pode controlar os fatores necessários ao seu sucesso. As recompensas disponíveis para a pessoa que se apodera do poder da mente e o direciona para fins definidos de sua escolha são muito numerosas. As penalidades ao não fazer isso são igualmente numerosas.

Sem milagres

A força cósmica do hábito não faz milagres, não tenta criar algo do nada e não sugere que caminho alguém deva seguir. Mas ajuda o indivíduo – não, ela o força – a proceder de maneira natural e lógica para converter os pensamentos em seu equivalente físico usando os meios naturais disponíveis relacionados ao pensamento.

Quando você começar a reorganizar seus hábitos e construir outros novos, comece pelo hábito do sucesso. Coloque-se sob o "holofote do sucesso", concentrando seus pensamentos diários naquilo que deseja. No devido tempo, esses novos hábitos-pensamentos o levarão inexoravelmente à fama e fortuna.

"Tudo que a mente
pode conceber e acreditar,
ela pode alcançar."

NAPOLEON HILL

SOBRE O AUTOR

Napoleon Hill nasceu em 1883, em Wise County, na Virgínia. Começou a carreira de escritor aos 13 anos de idade como "repórter da montanha" para jornais de cidades pequenas e seguiu em frente até se tornar o mais querido autor motivacional dos Estados Unidos. Sua obra mais famosa, *Think and Grow Rich*, é um dos livros mais vendidos de todos os tempos, e a versão revista e atualizada foi lançada no Brasil pela Citadel com o título *Quem pensa enriquece – O legado*.